ESTUDIO BÍBLICO CATÓLICO DE LIBROS LIGUORI

Los evangelios de Lucas y Juan; los Hechos de los Apóstoles

PROCLAMACIÓN UNIVERSAL DE LA BUENA NOTICIA: EL VERBO SE HIZO CARNE

P. WILLIAM A. ANDERSON, DMIN, PHD, Y PÍA SEPTIÉN

LIBROS
LIGUORI

Imprimi Potest:
Harry Grile, CSsR, Provincial
Provincia de Denver, los Redentoristas

Impreso con Permiso Eclesiástico y aprobado para uso educativo privado.

Imprimatur: "Conforme al C.827, el Reverendísimo Edward M. Rice, obispo auxiliar de St. Louis, concedió el Imprimátur para la publicación de este libro el 5 de febrero de 2014. El Imprimátur es un permiso para la publicación que indica que la obra no contiene contradicciones con las enseñanzas de la Iglesia Católica, sin embargo no implica aprobación de las opiniones que se expresan en la obra. Con este permiso no se asume ninguna responsabilidad".

Publicado por Libros Liguori, Liguori, Missouri 63057
Pedidos al 800-325-9521 o visite Liguori.org

Library of Congress Cataloging-in-Publication Data:

Los datos están archivados con el LOC.

p   ISBN 978-0-7648-2361-9
e   ISBN 978-0-7648-6854-2

Los textos de la Escritura que aparecen en este libro han sido tomados de la *Biblia de Jerusalén* versión latinoamericana © 2007, Editorial Desclée de Brower. Usada con permiso. Todos los derechos reservados.

Libros Liguori, una organización sin fines de lucro, es un apostolado de los Padres y Hermanos Redentoristas. Para más información, visite Redemptorists.com

Diseño de la portada: Pam Hummelsheim
Imágen de la portada: Shutterstock

Impreso en los Estados Unidos de América
22 21 20 19 18   / 6 5 4 3 2
Primera edición

Índice

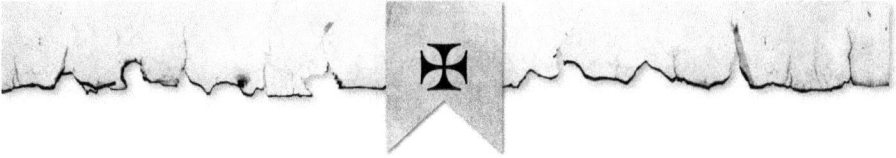

DEDICATORIA

La serie de libros que componen la colección del Estudio Bíblico de Libros Liguori está dedicada entrañablemente a la memoria de mis padres, Kathleen y Angor Anderson, en agradecimiento por todo lo que compartieron con quienes los conocieron, especialmente con mis hermanos y conmigo.

WILLIAM A. ANDERSON

Con cariño y agradecimiento dedico este libro a aquellos sacerdotes, religiosos; a aquellas religiosas y almas consagradas; y, en general, a todos aquellos seglares, quienes, como el grano de trigo han caído en tierra, han muerto y han dado fruto abundante para mayor gloria de Dios, para bien de la Iglesia y de todos los los hombres.

PÍA SEPTIÉN

AGRADECIMIENTO

Los estudios bíblicos y las reflexiones que contiene este libro son fruto de la ayuda de muchos que leyeron el primer borrador e hicieron sugerencias. Estoy especialmente en deuda con la Hermana Anne Francis Bartus, CSJ, DMin, cuya vasta experiencia y conocimiento fueron muy útiles para llevar esta colección a su forma final.

WILLIAM A. ANDERSON

Este estudio bíblico en español ha sido posible gracias a Luis José Medina quien vio la necesidad de la elaboración del material para el pueblo hispanohablante en los Estados Unidos, a Gabriel Hernández, quien con sus llamadas telefónicas y correos electrónicos, prudentes pero constantes, hizo que este proyecto saliera adelante, y a Marco Antonio Batta por haber corregido gentilmente el estilo.

PÍA SEPTIÉN

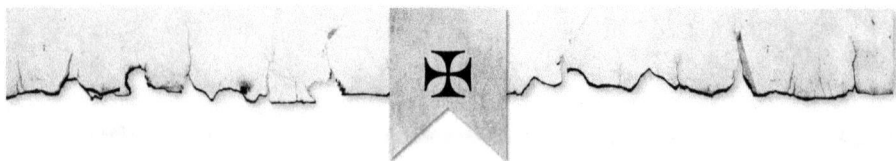

Introducción al
Estudio Bíblico de Libros Liguori

LEER LA BIBLIA puede intimidar a algunos. Es un libro complejo y muchas personas de buena voluntad que han tratado de leer la Biblia, terminaron dejándola totalmente confundidos. Por ello, ayuda tener un compañero de viaje, y el *Estudio Bíblico de Libros Liguori* es uno confiable. En los diversos libros de esta colección, vas a aprender sobre el contenido de la Biblia, sobre sus temas, personajes y acontecimientos, y aprenderás también cómo los libros de la Biblia surgieron por la necesidad de salir al paso de nuevas situaciones.

A lo largo de los siglos, los creyentes se han preguntado: ¿dónde está Dios en este momento? Millones de católicos se vuelven a la Biblia en busca de aliento para su camino de fe. La prudencia nos aconseja no emprender un estudio de la Biblia por nosotros mismos, desconectados de la Iglesia que recibió la Escritura para compartirla y custodiarla. Cuando se utiliza como una fuente para la oración y atenta reflexión, la Biblia cobra vida.

Tu decisión de adoptar un programa para el estudio de la Biblia debe estar dictada por lo que esperas encontrar en él. Uno de los objetivos del *Estudio Bíblico de Libros Liguori* es dar a los lectores una mayor familiaridad con la estructura de la Biblia, con sus temas, personajes y mensaje. Pero eso no es suficiente. Este programa también te enseñará a usar la Escritura en tu oración. El mensaje de Dios es tan importante y tan urgente en nuestros días como entonces, pero solo nos beneficiaremos del mensaje si lo memorizamos y conservamos en nuestras mentes. Está dirigido a toda la persona en sus esferas física, emocional y espiritual.

Nuestro bautismo nos introduce a la vida en Cristo y estamos hoy llamados a vivir más unidos a Cristo en la medida en que practicamos los valores de la justicia, la paz, el perdón y la vida en la comunidad. La nueva alianza de Dios fue escrita en los corazones del pueblo de Israel; nosotros, sus descendientes espirituales, somos amados por Dios de una forma igualmente íntima. El *Estudio Bíblico de Libros Liguori* te acercará más a Dios, a cuya imagen y semejanza fuiste creado.

Estudio en grupo e individual

La colección de libros del *Estudio Bíblico de Libros Liguori* está orientada al estudio y la oración en grupo o de forma individual. Esta colección te da las herramientas para comenzar un grupo de estudio. Reunir a dos o tres personas en una casa o avisar de la reunión del grupo de estudio de la Biblia en una parroquia o comunidad puede dar resultados sorprendentes. Cada lección del Estudio Bíblico contiene una sección para ayudar a los grupos a estudiar, reflexionar y orar, y compartir con otros sus reflexiones bíblicas. Cada lección contiene también una segunda sección para el estudio individual.

Mucha gente que quiere aprender más sobre la Biblia no sabe por dónde empezar. Esta colección les da un punto de partida y les ayuda a seguir adelante hasta que se familiaricen con todos sus libros.

El estudio de la vida puede ser un proyecto tan largo como la misma vida, que enriquece siempre a todos los que quieren ser fieles a la Palabra de Dios. Cuando la gente completa un estudio de toda la Biblia, puede empezar otra vez, haciendo nuevos descubrimientos cada vez que se adentra de nuevo en la Palabra de Dios.

Lectio divina
(Lectura sagrada)

EL ESTUDIO BÍBLICO no consiste únicamente en adquirir conocimientos intelectuales de la Biblia; también tiene que ver con adquirir una mayor comprensión del amor de Dios y una mayor preocupación por la Creación. El fin de leer y conocer la Biblia es enriquecer nuestra relación con Dios. Dios nos ama y nos dio la Biblia para enseñarnos ese amor. En su discurso de 12 de abril de 2013 ante la Pontificia Comisión Bíblica, el Papa Francisco subrayó que "la vida y misión de la Iglesia se fundan en la Palabra de Dios que es el alma de la teología y al mismo tiempo inspira toda la vida cristiana".

El significado de *Lectio divina*

Lectio divina es una expresión latina que significa "lectura sagrada o divina". El proceso para la *Lectio divina* consiste en leer la Escritura, reflexionar y orar. Muchos clérigos, religiosos y laicos usan la *Lectio divina* en su lectura espiritual, todos los días, para desarrollar una relación más cercana y amorosa con Dios. Aprender sobre la Sagrada Escritura tiene como finalidad llevar a la vida personal su mensaje, lo cual requiere un periodo de reflexión sobre los pasajes de la Escritura.

Oración y *Lectio divina*

La oración es un elemento necesario para la práctica de la *Lectio divina*. Todo el proceso de lectura y reflexión es en el fondo una oración, no es un esfuerzo puramente intelectual; es también espiritual. En la página 15 se ofrece una oración inicial para reunir los propios pensamientos antes de abordar los diversos pasajes de cada sección. Esta oración se puede decir en privado o en grupo. Para los que usan el libro en su lectura espiritual de todos los días, la oración para cada apartado puede repetirse todos los días. También puede ser de utilidad llevar un diario de las meditaciones diarias.

Ponderar la Palabra de Dios

La *Lectio divina* es la antigua práctica espiritual cristiana que consiste en leer la Sagrada Escritura con una intencionalidad y con devoción. Esta práctica les ayuda a centrarse y bajar a su corazón para entrar en un espacio íntimo y silencioso donde pueden encontrar a Dios.

Esta lectura sagrada es distinta de la lectura para adquirir conocimientos o información, y es más que la práctica piadosa de la lectura espiritual. Es la práctica de abrirnos a la acción e inspiración del Espíritu Santo. Mientras nos concentramos de forma consciente y nos hacemos presentes al significado íntimo del pasaje de la Escritura, el Espíritu Santo ilumina nuestras mentes y corazones. Llegamos al texto queriendo ser transformados por un significado más profundo que se encuentra en las palabras y pensamientos que estamos ponderando.

En este espacio nos abrimos a los retos y a la posibilidad de ser cambiados por el significado íntimo de la Escritura que experimentamos. Nos acercamos al texto con espíritu de fe y con obediencia, como un discípulo deseoso de ser instruido por el Espíritu Santo. A medida que saboreamos el texto sagrado, abandonamos la actitud controladora que quiere decir a Dios cómo debe actuar en nuestras vidas y rendimos nuestro corazón y nuestra conciencia a la acción de lo divino (*divina*) a través de la lectura (*lectio*).

El principio fundamental de la *Lectio divina* nos lleva a entender mejor el profundo misterio de la encarnación, "La Palabra se hizo carne", no solo en la historia, sino también en nosotros mismos.

Rezar la *Lectio* en nuestros días

Relaja tu cuerpo y mantén una postura de oración (sentado con la espalda recta, ojos cerrados, ambos pies en el piso). Ahora sigue estos cuatro sencillos pasos:

1. Lee un pasaje de la Escritura o las lecturas de la Misa del día. Esta parte se llama *lectio* (si la Palabra de Dios se lee en voz alta, quienes escuchan deben hacerlo atentamente).
2. Ora usando el pasaje de la Escritura elegido mientras buscas un significado específico para ti. Una vez más, la lectura se escucha y se lee en silencio para ser reflexionada o meditada. Esto se conoce como *meditatio*.

3. El ejercicio ahora se vuelve activo. Toma una palabra, frase o idea que aflore al estar considerando el texto elegido. ¿Esa lectura te recuerda alguna persona, lugar o experiencia? Si es así, haz oración pensando en ello. Concentra tus pensamientos y reflexiones en una sola palabra o frase. Este "pensamiento-oración" te ayudará a evitar las distracciones durante la *lectio*. Este ejercicio se llama *oratio*.

4. En silencio, con tus ojos cerrados, tranquilízate y hazte consciente de tu respiración. Deja que tus pensamientos, sentimientos y preocupaciones se desvanezcan mientras consideras el pasaje seleccionado en el paso anterior (la *oratio*). Si estás distraído, usa tu "pensamiento-oración" para volver al silencio y quietud. Esta es la *contemplatio*.

Puedes dedicar a este ejercicio tanto tiempo como desees, pero en el contexto de este Estudio Bíblico, de 10 a 20 minutos deberían ser suficientes.

Muchos maestros de oración llaman a la contemplación "orar descansado en Dios", y la ven como el preámbulo del perderse a sí mismo en la presencia de Dios. La Escritura se convierte en nuestra oyente mientras oramos y permitimos a nuestros corazones unirse íntimamente con el Señor. La Palabra realmente se hace carne, pero en esta ocasión se manifiesta en nuestra propia carne.

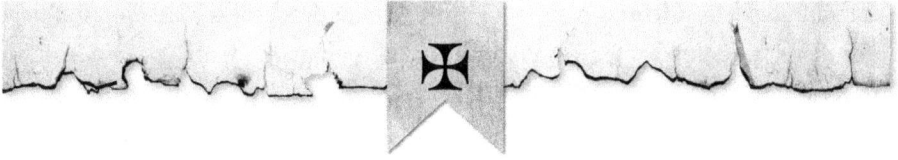

Cómo utilizar
el estudio bíblico

LA BIBLIA, junto con los comentarios y reflexiones que aparecen en este estudio, ayudarán a los participantes a familiarizarse con los textos de la Escritura y los llevará a reflexionar con mayor profundidad en el mensaje de los mismos. Al final de este estudio los participantes contarán con un sólido conocimiento de los Evangelios de Lucas y Juan, y de los Hechos de los Apóstoles, y se darán cuenta de cómo estos libros del Nuevo Testamento les ofrecen un alimento espiritual. El estudio no es solo una aventura intelectual, sino también espiritual. Las reflexiones guían a los participantes en su propio caminar por las Escrituras.

Contexto

Cuando cada autor escribió su Evangelio, no puso simplemente al azar diversas historias de Jesús, los autores, más bien las pusieron de acuerdo con un criterio para acentuar un mensaje. Para ayudar a los lectores a aprender sobre cada pasaje en relación con los demás que lo acompañan, cada lección comienza con una visión general que coloca a los pasajes en su contexto.

> **Nota: Los textos de la Escritura de este libro y de todo el Estudio Bíblico están tomados de *La Biblia de Jerusalén versión latinoamericana* © 2007, Editorial Desclée de Brower. Usada con permiso. Todos los derechos reservados.**

Visión general del libro

En este libro se estudian los Evangelios de Lucas y Juan, y los Hechos de los Apóstoles. Las primeras tres lecciones están dedicadas a Lucas, las siguientes tres a Juan y las últimas cuatro a Hechos de los Apóstoles. Cada lección, a su vez, consta de dos partes, una para el estudio en grupo y otra para el estudio individual. Por lo que ve al escrito de Lucas, en su estudio no se tratan algunos de los temas que ya se vieron en Mateo o en Marcos. El estudio sobre el Evangelio de Juan expone el contenido juanino que, a juicio de los autores, resulta esencial para la comprensión de su enfoque particular sobre la Buena Nueva. Los capítulos dedicados a los Hechos de los Apóstoles exponen de manera sucinta los eventos más signficativos de los orígenes de la Iglesia durante ese periodo fundacional.

UN MÉTODO PARA LA *LECTIO DIVINA*

Libros Liguori ha diseñado este estudio para que sea fácil de usar y aprovechar. De cualquier forma, las dinámicas de grupo y los líderes pueden variar. No tratamos de controlar la labor del Espíritu Santo en ustedes, por eso les sugerimos que decidan de antemano qué metodología funciona mejor para su grupo. Si están limitados de tiempo, pueden hacer el estudio en grupo y hacer la oración y la reflexión después, individualmente.

De cualquier forma, si tu grupo desea ahondar en la Sagrada Escritura y celebrarla a través de la oración y el estudio, les recomendamos dedicar alrededor de noventa minutos cada semana para reunirse, de forma que puedan estudiar y orar con la Escritura. La *Lectio divina* (ve la página 8) es una antigua forma de oración contemplativa que lleva a los lectores a encontrarse con el Señor usando el corazón y no solo la cabeza. Recomendamos vivamente usar este tipo de oración tanto en el estudio individual como en el de grupo.

METODOLOGÍAS PARA EL ESTUDIO EN GRUPO

1. Estudio bíblico con *Lectio divina*

Alrededor de noventa minutos

- ✠ Reunirse y recitar la oración introductoria (3 -5 minutos)
- ✠ Leer el pasaje de la Escritura en voz alta (5 minutos)
- ✠ Lectura en silencio del comentario y preparación para discutirlo en grupo (3-5 minutos)
- ✠ Discutir el pasaje de la Escritura junto con el comentario y la reflexión (30 minutos)

- ✠ Leer el pasaje de la Escritura en voz alta por segunda vez seguido de un momento de silencio para la meditación y contemplación personal (5 minutos)

- ✠ Dedicar un poco de tiempo a orar usando el pasaje elegido. Los miembros del grupo leerán lentamente el pasaje de la Escritura por tercera vez, atentos a la voz de Dios mientras leen (10-20 minutos)

- ✠ Compartir con los demás las propias reflexiones (10-15 minutos)

- ✠ Oración final (3-5 minutos)

2. Estudio bíblico

Alrededor de una hora

- ✠ Reunirse y recitar la oración introductoria (3 -5 minutos)

- ✠ Leer el pasaje de la Escritura en voz alta (5 minutos)

- ✠ Lectura en silencio del comentario y preparación para discutirlo en grupo (3-5 minutos)

- ✠ Discutir el pasaje de la Escritura junto con el comentario y la reflexión (40 minutos)

- ✠ Oración final (3-5 minutos)

Notas para el líder

- ✠ Lleva una copia de la *Biblia de Jerusalén latinoamericana,* 1999. Desclée De Brower u otra que te ayude.

- ✠ Haz un programa con las lecciones que verán cada semana.

- ✠ Prelee el material antes de cada clase.

- ✠ Establece algunas normas escritas básicas (por ejemplo: las clases duran solo noventa minutos; no se puede acaparar el diálogo discutiendo o polemizando, etc.).

- ✠ Ten las clases en un lugar apropiado y acogedor (algún salón en la parroquia, una sala de reuniones o una casa).

- ✠ Usen gafetes con los nombres de los participantes y organiza alguna actividad en la primera clase para romper el hielo; pide a los participantes que se presenten al grupo.

- ✠ Pon separadores en los pasajes de la Escritura que van a leer durante la sesión.

✠ Decide cómo quieres que se lea la Escritura en voz alta durante las clases (uno o varios lectores).

✠ Usa un reloj de pared o de pulso.

✠ Ten algunas Biblias extra (o fotocopias de los pasajes de la Escritura) para aquellos participantes que no lleven Biblia.

✠ Pide a los participantes que lean "Introducción: el Evangelio de Lucas" (página 16), o "Introducción: el Evangelio de Juan" (página 64), o "Introducción: Hechos de los Apóstoles (página 109)" antes de la primera sesión.

✠ Di a los participantes qué pasajes van a estudiar y motívalos a leerlos antes de la clase; también invítalos a leer el comentario.

✠ Si optas por utilizar la metodología con *Lectio divina*, familiarízate tú primero con esta forma de orar. Hazlo con antelación.

Notas para los participantes

✠ Lleva tu propia copia de La *Biblia de Jerusalén latinoamericana,* 1999. Desclée De Brower u otra que te ayude.

✠ Lee "Introducción: el Evangelio de Lucas" (página 16), o "Introducción: el Evangelio de Juan" (página 64), o "Introducción: Hechos de los Apóstoles (página 109)" antes de la primera sesión.

✠ Lee los pasajes de la Escritura y el comentario antes de cada sesión.

✠ Prepárate para compartir tus reflexiones con los demás y para escuchar las opiniones de los otros con respeto (no es un momento para discutir o hacer un debate sobre determinados aspectos de la fe).

Oración inicial

Líder: Dios mío, ven en mi auxilio,

Respuesta: Señor, date prisa en socorrerme.

Líder: Gloria al Padre, y al Hijo, y al Espíritu Santo,

Respuesta: como era en el principio ahora y siempre por los siglos de los siglos. Amén.

Líder: Cristo es la vid y nosotros los sarmientos. Como sarmientos unidos a Jesús, la vid, estamos llamados a reconocer que las Escrituras siempre se han cumplido en nuestras vidas. Es la Palabra viva de Dios que vive en nosotros. Ven Espíritu Santo, llena los corazones de tus fieles y enciende en nosotros el fuego de tu divina sabiduría, conocimiento y amor.

Respuesta: Abre nuestras mentes y corazones mientras aprendemos sobre el gran amor que nos tienes y que nos muestras en la Biblia.

Lector: (Abre tu Biblia en el texto de la Escritura asignado y léelo con calma y atención. Haz una pausa de un minuto, buscando aquella palabra, frase o imagen que podrías usar durante la *Lectio divina*).

Oración final

Líder: Oremos como Jesús nos enseñó.

Respuesta: Padre Nuestro…

Líder: Señor, ilumínanos con tu Espíritu mientras estudiamos tu Palabra en la Biblia. Quédate con nosotros este día y todos los días, mientras nos esforzamos por conocerte y servirte, y por amar como Tú amas. Creemos que a través de tu bondad y amor, el Espíritu del Señor está verdaderamente sobre nosotros. Permite que las palabras de la Biblia, tu Palabra, tomen posesión de nosotros y nos animen a vivir como Tú vives y a amar como Tú amas.

Respuesta: Amén.

Líder: Que el auxilio divino permanezca siempre con nosotros.

Respuesta: En el nombre del Padre, y del Hijo, y del Espíritu Santo. Amén.

El Evangelio de Lucas

LOS DESTINATARIOS del Evangelio de Lucas son en su mayoría gentiles, esto es, no judíos, quienes seguían las enseñanzas de Jesús. Estos no tenían conocimientos previos sobre la promesa del advenimiento de un Mesías. No habían sido expulsados de la Sinagoga como su contraparte proveniente del judaísmo o habían sido rechazados por sus familiares judíos, como lo habían sido los miembros de la comunidad a la que Mateo dirige su Evangelio. La comunidad de Lucas era consciente de que Jesús era el Hijo de Dios, que había traído la buena noticia de la llegada del Reino de Dios y que ellos ahora formaban parte de la comunidad de sus seguidores. La maravillosa noticia de la salvación había llegado a ellos y ellos a su vez se convertían en sus discípulos.

Lucas escribió su Evangelio probablemente entre los años 80 y 90 d.C. y está dirigido a una comunidad de gentiles que se habían convertido al Cristianismo. Su objetivo era presentarles una explicación ordenada y clara partiendo de las enseñanzas que habían recibido los discípulos de Jesús o los discípulos de estos. Presenta la vida de Jesús con sus palabras y sus acciones, así como su pasión, muerte, resurrección y ascensión a los Cielos; la vida y misión de la Iglesia darían continuidad a todo este evento de Cristo.

En su Evangelio, Lucas quiere dejar claros varios aspectos de las enseñanzas de Jesús, iniciando por su misión universal, abierta a todos los hombres y mujeres de buena voluntad. La salvación que trajo Jesús es para todos: pobres y ricos; humildes y poderosos; sanos y enfermos; marginados, recaudadores de impuestos, etc. Para que esta salvación tenga lugar es necesaria la reconciliación por medio del perdón de los pecados. Jesús es presentado de camino hacia Jerusalén donde morirá, resucitará y ascenderá a los cielos. En todo esto se ve el papel preponderante del Espíritu Santo, el cual va guiando a Jesús en su vida y guiará a la Iglesia en su caminar a través de los siglos.

Las mujeres tienen un papel importante en este Evangelio, empezando por María, quien además de ser la madre de Jesús, demuestra su grandeza y entereza espiritual a lo largo de todo el Evangelio. Lucas nos presenta también a otras mujeres que fueron seguidoras de Jesús, enfatizando el papel de la mujer dentro de la vida de la Iglesia como fieles seguidoras del Señor. Como resultado, los lectores de los siglos posteriores hemos entendido mejor la importancia que tiene la mujer dentro de la vida de la Iglesia.

La oración es presentada por Lucas como una actitud constante en Jesús, quien frecuentemente dedica tiempo a esta. Además, al inicio de su Evangelio, Lucas nos presenta importantes oraciones que la Iglesia sigue rezando hasta nuestros días: el Magníficat: "Alaba mi alma la grandeza del Señor" (1:46-55); el Benedictus: "Bendito el Señor Dios de Israel porque ha visitado y redimido a su pueblo" (1:68-79); el Cántico o Bendición de Simeón: "Ahora, Señor, puedes, según tu palabra, dejar que tu siervo se vaya en paz" (2:29-32); y el cántico que los ángeles entonaron cuando anunciaron a los pastores el nacimiento de Jesús: "¡Gloria a Dios en las alturas y en la tierra paz a los hombres! ..." (2:14).

La pobreza es otro de los asuntos que Lucas trata con amplitud en su Evangelio. Jesús vino a los pobres, para ellos, y se hizo uno con ellos. Nació lejos de su tierra, en un establo en Belén. No hubo lugar en la posada para Él, fue recostado en un pesebre y visitado por pastores pobres. Cuando María su madre fue al Templo a cumplir con las leyes de purificación, ofreció dos tórtolas que era la ofrenda de los pobres.

Otro tema lucano es la reunión alrededor de la mesa como símbolo de comunidad. Muchas de las narraciones de Lucas tienen lugar alrededor de una mesa.

Narraciones de la infancia y preparación para el ministerio público de Jesús

LUCAS 1-8

"Alaba mi alma la grandeza del Señor y mi espíritu se alegra en Dios mi salvador porque ha puesto los ojos en la pequeñez de su esclava" (1:46-48).

Oración inicial *(ver página 15)*

Contexto

Parte 1: Lucas 1-4: Dos de los cuatro evangelistas narran la infancia de Jesús, estos son Mateo y Lucas. Cada uno lo hace desde su perspectiva teológica y tomando en cuenta las peculiaridades del auditorio al que se está dirigiendo. Lucas narra los eventos que rodearon al nacimiento de Jesús y de Juan Bautista: la intervención divina en sus nacimientos, los viajes, los nombres. Centrándose de manera especial en Jesús, narra el viaje de María y José a Belén, la adoración de los pastores, la presentación en el Templo, y cómo María y José encontraron a Jesús en el Templo después de tres días. También describe la misión de Juan el Bautista y la genealogía de Jesús.

Parte 2: Lucas 5-8: Lucas narra el llamado a los primeros discípulos, el Sermón de la montaña, una serie de milagros realizados por Jesús, el perdón a una pecadora y cómo un grupo de mujeres acompañaba a Jesús en su predicación y le asistía con sus bienes.

PARTE 1: ESTUDIO EN GRUPO (LC 1-5)

Leer en voz alta Lucas 1-4

Lucas presenta la intención de su Evangelio (1:1-4)

La introducción que nos presenta Lucas es única y diferente a la de los otros tres Evangelios. En este breve pasaje, Lucas muestra cuál es su intención al escribir su Evangelio. Nos dice que quiere escribir una historia ordenada, para la cual recopiló información con exactitud. Dirige este escrito a Teófilo, a quien llama "ilustre", título que denota una cierta importancia en la sociedad. Algunos eruditos bíblicos han llegado a pensar que el nombre Teófilo, que significa "amado de Dios", simboliza a todos aquellos "amados de Dios', a los seguidores de Jesús, el Cristo, para quienes escribió esta narración.

Es importante notar que Lucas habla en primera persona: "he decidido yo también" (1:3) y que busca hacer una obra lo más completa y fidedigna posible. Para ello acude a "testigos oculares" (1:2) y "un amado de Dios" es cada persona que se acerca a leer con fe esta obra.

Este es un buen momento para recordar que los Evangelios no son biografías de Jesús, ni narraciones del pasado de los buenos recuerdos que guardaban las personas que vivieron en esa época, sino que son testimonios de fe, son la proclamación de y acerca de Jesús resucitado. Es la vida de Jesús vista desde la resurrección. Los apóstoles, después de la ascensión de Jesús, predicaron lo que había dicho y lo que había hecho, iluminados por el Espíritu Santo. Y fue después de esta predicación y con el pasar de los años que los evangelistas pusieron esto por escrito para que las generaciones futuras pudieran comprender con "solidez [...] las enseñanzas" de Jesús (1:4).

Es importante notar que Lucas también escribió otro libro del Nuevo Testamento, los Hechos de los Apóstoles, el cual también lo dirige a Teófilo y hace mención de su primer libro (Hch 1:1).

Anuncio del nacimiento de Juan el Bautista (1:5-25)

Lucas y Mateo son los dos únicos evangelistas que incluyeron las narraciones de la infancia de Jesús en sus Evangelios, y cada uno de ellos nos presenta una serie de escenarios, como pequeñas presentaciones, en las que se va desarrollando la narración.

El primer capítulo de ambos Evangelios nos narra el origen de Jesús; el segundo nos cuenta cómo esta "Buena Noticia" fue dada a conocer, es decir, proclamada a los demás. Al leer estas narraciones fijémonos cómo se trata de escenas cortas que se suceden unas a otras. Y las discrepancias que puede haber entre ellas se deben a la manera en que cada uno de los evangelistas estructuró su Evangelio, tomando en cuenta principalmente las circunstancias concretas de sus destinatarios.

Mateo dirige su Evangelio a judíos convertidos en seguidores de Jesús, por lo cual su objetivo es mostrarles cómo en Jesús se cumplen las profecías del Antiguo Testamento. Esta es la razón por la que frecuentemente cita pasajes del Antiguo Testamento. Lucas, en cambio, escribió su Evangelio a una comunidad de gentiles, es decir, no provenientes del pueblo judío. Los gentiles quizás nunca habían oído hablar de las Sagradas Escrituras, no festejaban las fiestas judías y seguían a Jesús porque en Él habían encontrado la salvación.

La narración del Evangelio de Lucas está estructurada de manera que se pueda ver el paralelismo entre el nacimiento de Juan el Bautista y el de Jesús, haciendo hincapié en el de Jesús, que es más importante.

Lucas inicia su narración dejando clara la situación política y geográfica de Israel: "en los días de Herodes, rey de Judea" (1:5), para después bajar a lo particular, al núcleo de la sociedad, a la familia, formada por el sacerdote Zacarías e Isabel, su mujer. Zacarías e Isabel eran rectos a los ojos de Dios e irreprochables en su comportamiento; pero no habían podido tener hijos y eran de edad avanzada. Esto último hacía que el nacimiento de un bebé fuese prácticamente imposible, ¡pero para Dios, no hay nada imposible!

Tocó a Zacarías el turno de entrar al santuario para ofrecer incienso y fue ahí, en un lugar sagrado, donde el ángel se le apareció y le dijo que no temiera, que sus oraciones habían sido escuchadas por Dios y que tendría un hijo que "convertirá al Señor su Dios a muchos de los hijos de Israel" (1:16). El ángel mensajero de la Buena Noticia era Gabriel, quien sirve a Dios en su presencia. El ángel también le informa que se quedará mudo hasta que se cumpla lo que le anunció y esto será por no haber creído en sus palabras. La incredulidad tiene un precio, deja al hombre mudo, mientras que la Palabra de Dios se cumple y su mujer queda embarazada.

Anunciación del nacimiento de Jesús (1:26-38)

Mateo centra la narración del nacimiento de Jesús en José, a quien el Señor se le apareció en sueños. Lucas, en cambio, la centra en María, narrando cómo fue María quien recibió el anuncio del ángel Gabriel. Se trata del mismo ángel que había visitado a Zacarías seis meses antes para anunciarle que su esposa daría a luz. María estaba desposada con José, es decir, estaba comprometida para casarse con él. Debemos tener en cuenta que, según las costumbres de la época, los padres de familia daban en matrimonio a sus hijos y, en cierta forma, "arreglaban la boda". Durante este periodo, tanto ella como él se sabían ya comprometidos. Cada uno vivía en su casa y se guardaban fidelidad, de ahí la pregunta de María: "¿Cómo será esto, puesto que no conozco varón?" (1:34).

María quedó desconcertada ante las palabras del ángel (1:29). Tomemos nota cómo no fue miedo lo que sintió, sino asombro. Del ángel escuchamos unas de las más reconfortantes palabras de la Escritura: "No temas, María, porque has hallado gracia delante de Dios" (1:30). El ángel procedió a informarle que concebiría un hijo que sería grande e Hijo del Altísimo y que procedería del trono de David (1:32), de donde el pueblo judío estaba esperando la salvación. Por ello es muy importante la aclaración que Lucas había hecho con anterioridad en este pasaje, al decir que José provenía de la familia de David (1:27), porque para el pueblo judío el linaje viene por parte del padre. Lucas describe este nacimiento como un nacimiento virginal. José adoptaría a Jesús, quien de acuerdo con la ley judía será un heredero absoluto de José, hasta de su linaje, mostrando cómo Jesús, el salvador, el Mesías procedía de la familia de David.

¿Cómo será eso?, preguntó María. Dejémoselo a Dios, quien puede hacer de una virgen una madre, como también pudo hacer de la anciana Isabel una madre: "porque no hay nada imposible para Dios" (1:37). María responde un hermosísimo: "He aquí la esclava del Señor; hágase en mí según tu palabra" (1:38).

La visitación de la Virgen María a su prima santa Isabel (1:39-56)

En circunstancias normales, la visita de una joven a la casa de su prima anciana no hubiese quedado plasmada en los escritos de nadie. Pero esta visita fue especial, se encontraron dos mujeres embarazadas, cuyos bebes habían sido concebidos por la intervención divina y el Espíritu Santo llenó de gozo a Isabel, quien reconoció en María a "la madre de mi Señor" (1:43).

La criatura de Isabel dio un salto de gozo en su vientre. Con la acción del Espíritu Santo, Juan, aún en el vientre de su madre, reconoció a Jesús, en el vientre de María, divina portadora de la Nueva Alianza. Isabel alabó a María por haber creído, porque en María se cumpliría lo que Dios había anunciado.

La respuesta de María es una reminiscencia del cantico de Ana ante el nacimiento de su hijo Samuel (1Sm 2:1-10). María alabó a Dios proclamando su grandeza, su salvación, la grandeza de su nombre, su misericordia que se extiende de generación en generación, su fuerza, su protección a los desposeídos y terminó proclamando que Dios recordó la promesa que había hecho a sus antepasados, la alianza que había hecho con Abraham . En este cántico que nosotros conocemos como el "Magníficat" se hacen numerosas referencias a profecías del Antiguo Testamento sobre la venida del Mesías.

El nacimiento de Juan Bautista (1:57-80)

Se cumplió lo dicho por el ángel a Zacarías. A su debido tiempo, Isabel dio a luz a un varón, quien al octavo día de su nacimiento y siguiendo la tradición judía fue circuncidado como signo de la alianza entre Dios y su pueblo. Había que ponerle nombre al niño y los vecinos querían llamarlo Zacarías como su padre. Ponerle nombre a un hijo es una de las grandes prerrogativas de los padres. Muchos pueden opinar, pero al final son los padres los que deciden. Así sucedió, Isabel nombró al niño Juan, siguiendo con seguridad las instrucciones del padre.

Al escribir Zacarías el nombre de Juan en una pizarra, se le soltó la lengua y lo primero que hizo fue alabar a Dios, con un bellísimo cantico que conocemos como el "Benedictus", ya que inicia con las palabras: "Bendito el Señor Dios de Israel porque ha visitado y redimido a su pueblo..." (1:68). Al igual que el cántico de María, este también hace numerosas referencias al Antiguo Testamento, bendiciendo a Dios por haber suscitado una fuerza de salvación en la Casa de David, según lo había prometido desde tiempos antiguos por boca de los santos profetas.

Zacarías reconoció cómo Dios estaba actuando, cómo las promesas de salvación se cumplirían y sobre Juan dijo: "Y tú, niño, serás llamado profeta del Altísimo" (1:76).

El nacimiento de Jesús (2:1-20)

Las autoridades romanas convocaron un censo, medida generalmente tomada para conocer el número de personas que vivían en una región, número que estaba directamente relacionado con el pago de impuestos. Para cumplir con esta orden de las autoridades civiles, María, embarazada, y José emprendieron el camino a Belén en el territorio de Judá, ya que la familia de José venía de Belén. A esta también se le conocía como la Ciudad de David, cuna de su descendencia, de la cual provenía José y de donde saldría el Mesías.

Se cumplió lo predicho por el ángel. Le llegó el tiempo a María de dar a luz, envolvió al bebé en pañales y lo puso en un pesebre porque no había lugar para ellos en la posada.

La aparición del ángel a los pastores y los cánticos de coro celestial confirman, por un lado, la divinidad del nacimiento y, por otro, el contexto de pobreza en que este sucedió. Los pastores eran considerados los marginados de la sociedad, por el tipo de actividad que los llevaba a buscar alimento para sus rebaños en cualquier terreno. Su vida era sencilla y dura, pues vivían a campo abierto, lejos de las sinagogas donde el pueblo se reunía a orar. Y es precisamente a estos a quienes se anuncia primero el nacimiento de Jesús. Esto es una gran lección para nosotros: ¡Dios buscó primero a los pobres!

Rápidamente marcharon a Belén, donde encontraron a la Sagrada Familia y, al verlos, partieron a contar a otros lo que había sucedido. Estos humildes pastores fueron los primeros heraldos de tan gran noticia. Aquellos que los oían se llenaban de asombro por lo sucedido. Claramente podemos ver cómo Dios quiere que la Buena Noticia sea llevada a otros hombres y mujeres por los mismos hombres y mujeres.

La presentación de Jesús en el Templo y la purificación de la Virgen María (2:21-40)

En José y María vemos la imagen de un matrimonio judío ideal dispuesto a cumplir con las leyes tanto religiosas como civiles, yendo al espíritu de las mismas. Con anterioridad hablamos de su viaje a Belén para presentarse al censo, obedeciendo las órdenes del emperador Augusto; en este pasaje, los vemos cumpliendo los preceptos de la religión judía al circuncidar a Jesús a los ocho días de nacido, siguiendo el mandato de que todo varón debe ser circuncidado (cf. Gn 17:10-14). Con este acto, Jesús entraba a formar parte del pueblo judío, el pueblo de Dios.

Además, Jesús fue presentado en el Templo de Jerusalén por ser varón primogénito, quien de acuerdo con la ley pertenecía al Señor y, para ser recatado, había que presentar una ofrenda (Ex 13:2, 12 y 15). También nos habla de otro rito religioso del pueblo judío: la purificación de la mujer que había dado a luz, quien era considerada impura hasta que se presentara ante el sacerdote. El sacerdote, en su nombre, presentaba ante el Señor una ofrenda. La ofrenda normal era un cordero, pero una persona pobre podía ofrecer solo dos tórtolas. Lucas nos dice que María y José ofrecieron "un par de tórtolas" (2:24).

Estando la Sagrada Familia en el Templo, el Espíritu Santo condujo al anciano Simeón hacia ellos, quien tomando al niño, lo bendijo y pronunció una bellísima oración de acción de gracias que la Iglesia ha hecho suya. Esta oración la reza principalmente en la Liturgia de las Horas: "Ahora, Señor, puedes, según tu palabra, dejar que tu siervo se vaya en paz; porque han visto mis ojos tu salvación" (2:29-30), ratificando el profundo significado que este niño tendría para el pueblo judío quien sería: "luz para iluminar a las naciones y gloria de tu pueblo Israel" (2:32).También llegó por allí la profetisa Ana, que supo ver en ese pequeñín a Dios. Nos dice Lucas que alababa a Dios y hablaba de él a todos.

No hemos acabado de estudiar el capítulo dos y hemos visto ya cómo se ha venido descubriendo paulatinamente la grandeza de Jesús Niño. Primero leímos sobre Isabel, la prima de María, y cómo saltó de gozo su hijo en su vientre al escuchar el saludo de María (1:44); después vimos cómo los ángeles anunciaron su nacimiento a los pastores y cómo estos, después de haberlo visto, contaron a otros lo que les habían dicho del niño. Y ahora acabamos de leer cómo dos ancianos fueron capaces de reconocerlo y de viva voz alabarlo y proclamarlo a los demás.

Jesús perdido y hallado en el Templo (2:41-52)

Para los judíos que vivían fuera de la ciudad santa de Jerusalén, era una gran alegría peregrinar a la Ciudad Santa para celebrar ahí la fiesta de Pascua. Cuenta Lucas que José, María y Jesús subieron a Jerusalén, cuando el niño cumplió doce años. Mientras volvían a Nazaret, los padres se dieron cuenta de que Jesús no viajaba con ellos. En aquella época era común viajar en grupos. Los familiares y personas del pueblo o de poblados cercanos que se conocían unos a otros, caminaban en peregrinación, acompañándose, orando, ayudándose y cuidándose entre sí. Por eso pasó todo un día sin que José y María se dieran cuenta de que Jesús no viajaba con ellos en la caravana.

Al no encontrarlo, regresaron a buscarlo a Jerusalén, donde después de tres días lo encontraron en el Templo conversando con los maestros de la ley. Ante el reproche de su madre, Jesús da una respuesta que nos da una luz muy grande para entenderlo. La respuesta de Jesús: "¿No sabían que yo debía estar en la casa de mi Padre?" (2:49) son las primeras palabras de Jesús en el Evangelio. Estas palabras son además una declaración importantísima sobre lo que sería el motivo o razón de su vida: dedicarse a los asuntos de su Padre. Aparentemente estaba ya experimentando un impulso misionero y da a entender que sus padres deberían de haberlo comprendido ya. Es importante notar la naturalidad con la que se refiere al Templo como la casa de su Padre.

Aunque regresó con ellos a Nazaret y siguió bajo su autoridad, Lucas nos muestra la inclinación de Jesús a seguir en todo momento la voluntad de su Padre

La predicación de Juan Bautista (3:1-20)

Dejamos atrás las narraciones de la infancia de Jesús para adentrarnos en los pasajes que nos narran cómo se preparó Jesús para su ministerio. Así es como entramos en contacto con Juan Bautista y su misión: invitar a un bautismo que exige un cambio del corazón. Lucas coloca el ministerio de Juan en el contexto de la historia del mundo romano. La Palabra de Dios se dirigió a Juan en el desierto, en el año 15 del reinado del Emperador, lo cual lo sitúa entre los años 27 y 29.

Lucas identifica a Juan como aquel anunciado por el profeta Isaías, quien prepararía el camino del Señor (Is 40:3-5). Es interesante hacer hincapié en la última parte de esta profecía: "Y todos verán la salvación de Dios" (3:6). Esta afirmación va muy de la mano con el mensaje de su Evangelio, esto es, que Jesús vino para salvar a todos los pueblos.

Buscaba que aquellos que lo oían predicar, entendieran que no por el simple hecho de haber nacido dentro del pueblo judío ya estaban salvados; que el ser descendientes de Abraham no los hacía mejores. Les llamó "raza de víboras" (3:7), una terrible insulto. Los retó a realizar buenas obras como señal de su arrepentimiento y les dijo que el momento de la verdad estaba cerca: "el hacha ya está apoyada en la raíz del árbol" (3:9), que era tiempo de mostrar señales de un verdadero arrepentimiento y cambio de vida.1

El mensaje de Juan comenzó a influir en los que le escuchaban, tanto que le preguntaron qué tenían que hacer. Compartir, fue su respuesta, compartir. Sus palabras fueron tan convincentes que incluso los recaudadores de impuestos y los soldados querían saber qué tenían que hacer. A estos les anima a vivir la justicia. Es interesante notar que Lucas incluye en este texto a los recaudadores de impuestos y a los soldados, ambas profesiones consideradas por los judíos como abominables. Esto demuestra la importancia que da a los marginados.

Después Juan aclaró que otro que era más poderoso que él, vendría a bautizar con el Espíritu Santo y fuego. Es aquí cuando Juan pronuncia esas palabras que seguramente hemos oído muchas veces y que son una muestra de su profunda humildad: "Yo no soy digno ni de soltarle la correa de sus sandalias" (3:16). Con esto Juan preparaba el camino del Señor.

Genealogía de Jesús (3:23-38)

Lucas compone la genealogía de Jesús de manera ascendente. Inicia con Jesús y va uniendo a cada individuo con su padre hasta llegar a Adán de quien nos dice: Con esto Lucas traza la línea genealógica de Jesús directa a Dios, es decir, Jesús venía de Dios.

Lucas nos dice que Jesús tenía unos treinta años de edad cuando empezó su ministerio. Cuando identifica a Jesús como el hijo de José, añade la frase "como se pensaba" (3:23), permaneciendo así fiel a al mensaje del nacimiento virginal de Jesús.

Preguntas de reflexión y repaso

1. ¿Quién era Teófilo?
2. ¿Qué tenía de especial el nacimiento de Juan el Bautista?
3. ¿Por qué salto el niño de gozo en el vientre de Isabel la prima de la Virgen María?
4. ¿En qué lugar de la narración de la infancia se encuentra parte del "Ave María"?
5. Menciona algunos paralelismos entre el nacimiento de Juan Bautista y el nacimiento de Jesús.
6. ¿Qué podemos aprender del anciano Simeón?
7. ¿Qué podemos aprender de la profetisa Ana?
8. ¿Qué podemos aprender de la historia de Jesús cuando estuvo tres días en el Templo a los doce años?
9. ¿Cuál es la misión y el mensaje de Juan el Bautista?
10. ¿Por qué es significativo que Juan Bautista haya bautizado a Jesús?
11. ¿Cómo difiere la genealogía de Lucas de la que se encuentra en el Evangelio de Mateo?

Oración final *(ver página 15)*

Hacer la oración final ahora o después de la *Lectio divina*.

Lectio divina *(ver página 8)*

Relaja tu cuerpo y mantén una postura de oración (espalda recta, ojos cerrados, pies en el piso). Puedes tomar todo el tiempo que quieras para hacer este ejercicio, pero se considera que para los fines de este estudio bíblico, de 10 a 20 minutos es suficiente.

Las meditaciones que se proporcionan a continuación tienen como finalidad simplemente ayudar a los participantes del grupo a utilizar esta forma de oración, pero ten en cuenta que la finalidad de la *Lectio divina* es llevar a la persona a la contemplación orante, donde la Palabra de Dios hable al corazón (para mayor información, ve la página 8).

Lucas presenta la intención de su Evangelio (1:1-4)

Pasa de 8 a 10 minutos en contemplación silenciosa del siguiente pasaje:

Lucas dirige su Evangelio a los "amados de Dios", ojala después de repasar las páginas de su Evangelio, podamos nosotros también ser esos "amados de Dios". Deseamos que al repasar estas historias de fe, aprendamos a hacer de Dios el centro de nuestras vidas, nuestro amor más grande. Que este estudio nos permita valorar el hecho de que se hizo hombre, como uno de nosotros, para llevarnos a Él.

✠ *¿Qué puedo aprender de este pasaje?*

Anunciación del nacimiento de Juan el Bautista (1:5-25)

Pasa de 8 a 10 minutos en contemplación silenciosa del siguiente pasaje:

Decíamos que la incredulidad tiene un precio, deja al hombre mudo, mientras que la Palabra de Dios se cumple y la mujer queda embarazada. Meditemos brevemente en estos conceptos. Primero hablemos de la incredulidad, cómo esta enmudece, paraliza, seca, mata la vida de Dios en nosotros. Nos quedamos con nuestro ser humano, regalo de Dios, pero sin Él, fuente de toda vida ya que con Él somos como: "un árbol plantado a la vera del agua, que junto a la corriente echa sus raíces. No temerá cuando viene el calor, y estará su follaje frondoso, en año de sequía no se inquieta, ni se retrae de dar fruto" (Jr 17:8). Ahora hablemos de Dios que es siempre fiel, cuya Palabra se cumple y hasta la anciana queda embarazada.

✠ *¿Qué puedo aprender de este pasaje?*

Anunciación del nacimiento de Jesús (1:26-38)

Pasa de 8 a 10 minutos en contemplación silenciosa del siguiente pasaje:

Hay una bellísima poesía escrita por un autor español que se titula "Y María dijo que sí". Con delicadas palabras nos narra cómo fue el momento en que el ángel comunicó a María la posibilidad de ser madre del Hijo del Altísimo. Dice la poesía que se hizo en la tierra un gran silencio, que hasta los pajaritos dejaron de trinar, que toda la naturaleza enmudeció esperando la respuesta de María...y que cuando ella dijo que sí, hubo un suspiro generalizado de alivio.

✠ *¿Qué puedo aprender de este pasaje?*

La Visitación de la Virgen María a su prima santa Isabel (1:39-56)

Pasa de 8 a 10 minutos en contemplación silenciosa del siguiente pasaje:

Ante el grandilocuente saludo de Isabel, María inmediatamente dirigió la atención hacia Dios, para darle todo el mérito a Él, afirmando que se había fijado en su humildad y así se auto nombra "esclava". Vale la lección de humildad que nos da María: honor, a quien honor merece... a Dios.

✠ *¿Qué puedo aprender de este pasaje?*

El nacimiento de Juan Bautista (1:57-80)

Pasa de 8 a 10 minutos en contemplación silenciosa del siguiente pasaje:

Qué consoladoras son las palabras del Evangelio de Lucas que nos narran cómo los vecinos se alegraron ante el nacimiento de Juan. Consoladoras en una época como la nuestra en que se libra una tremenda batalla por proteger la vida humana, desde el momento de la concepción hasta la muerte natural. Consoladoras porque nos recuerdan la verdadera esencia de lo que es el nacimiento de un bebé, una alegría para la comunidad que ve en este la mano de Dios, la cercanía de Dios, la fidelidad de Dios, que confía a los hombres y mujeres la procreación y el cuidado de los suyos.

✠ *¿Qué puedo aprender de este pasaje?*

El nacimiento de Jesús (2:1-20)

Pasa de 8 a 10 minutos en contemplación silenciosa del siguiente pasaje:

"No había lugar para ellos en la posada". Estas palabras del evangelista siempre me han llamado la atención, ya que no dice simplemente "no había lugar", sino más bien "no había lugar *para ellos*". Jesús inició su vida siendo rechazado por los dueños de una posada y tuvo por cuna un pesebre que es una especie de cajón donde se pone la comida para los animales. ¡Vaya nacimiento más sencillo! Jesús nació pobre, vivió pobre y murió en la cruz. La suya no fue una carrera de éxito humano; sin embargo, nosotros sus seguidores cantamos aunando nuestras voces a las de los ángeles: "¡Gloria a Dios en las alturas y en la tierra paz a los hombres! ...!" (2:14).

✠ *¿Qué puedo aprender de este pasaje?*

La presentación de Jesús en el Templo y la purificación de la Virgen María (2:21-40)

Pasa de 8 a 10 minutos en contemplación silenciosa del siguiente pasaje:

"¡Y a ti misma una espada te atravesará el alma!" (2:35), le dijo Simeón a María. ¡Esas sí que son palabras duras! Y el querido lector puede llegar a pensar que se trata de una manera poética o grandilocuente de decirle a María que en el futuro sufriría por lo que le ocurriría a Jesús. Por lo menos así lo pensaba yo hasta que, una mañana de noviembre, un médico salió de la sala de cuidados intensivos donde estaba el más pequeño de nuestros hijos después de haber sufrido un paro cardiaco como consecuencia postoperatoria, para decirme que había quedado ciego, paralitico y que tenía el 90% del cerebro muerto. Puedo decir, sin lugar a dudas, que en ese momento una espada de dolor atravesó mi corazón. Fue un dolor muy intenso el que sentí en el pecho, me quedé sin respirar, sentía que me desgajaba por dentro y fue ahí donde comprendí perfectamente que las palabras de Simeón a María no fueron una metáfora poética, sino una dolorosa realidad.

✠ *¿Qué puedo aprender de este pasaje?*

Jesús perdido y hallado en el Templo (2:41-52)

Pasa de 8 a 10 minutos en contemplación silenciosa del siguiente pasaje:

¿Qué significa el que María haya guardado esas cosas en su corazón? Básicamente que María era una mujer que, además de valorar la acción de Dios en su vida y en la de su Hijo, reflexionaba en esta misma acción de Dios. Reflexionar es parte de nuestro compromiso al seguir a Dios, ya que no recibimos un mapa claro de lo que será nuestra vida. El verdadero compromiso requiere confianza profunda. Seguir a Dios no es necesariamente un camino fácil, como ejemplo tenemos a María a quien una espada de dolor atravesó su corazón. Habrá pruebas, dudas y sufrimientos e incluso momentos en que nos preguntemos dónde está Dios; pero podemos recordar siempre el ejemplo de María, que acompañó a su Hijo a la crucifixión y después tuvo la alegría de verlo resucitado y ascender a los cielos.

✠ *¿Qué puedo aprender de este pasaje?*

La predicación de Juan Bautista (3:1-20)

Pasa de 8 a 10 minutos en contemplación silenciosa del siguiente pasaje:

Juan no les dice a los recaudadores de impuestos ni a los solados que dejen su trabajo, sino que les manda trabajar bien y de manera justa. Es una indicación clara de cómo debemos realizar nuestro trabajo, mientras este sea un trabajo digno y recto. Hacer bien lo que nos toca hacer. No se vale hacer las cosas a medias, no se vale hacer como que hacemos. Juan hace un llamado a hacer lo ordinario de manera extraordinaria.

¿Qué puedo aprender de este pasaje?

Genealogía de Jesús (3:23-38)

Pasa de 8 a 10 minutos en contemplación silenciosa del siguiente pasaje:

En la genealogía de Jesús, Lucas demuestra que la ascendencia de Jesús se remonta a Adán, quien a su vez provenía de Dios. Era indispensable que la comunidad gentil a la que Lucas escribía su Evangelio tuvieran muy claro de dónde procedía Jesús. Debía saber que estaba siguiendo, ni más ni menos, que al Hijo de Dios.

✠ *¿Qué puedo aprender de este pasaje?*

PARTE 2: ESTUDIO INDIVIDUAL (LC 5-8)

Día 1: Jesús llama a sus primeros discípulos (5:1-11)

Tal era la multitud que seguía a Jesús para escuchar la Palabra de Dios, que el Maestro se subió a la barca de Simón Pedro, para desde ahí enseñar a la multitud.

Lucas baja hasta el detalle de decirnos que se sentó para enseñar. Esto que nos puede parecer banal es de gran importancia para comprender cómo era percibido Jesús. El sentarse era una prerrogativa de los maestros, a cuyo alrededor se congregaban aquellos que le iban a escuchar y por consiguiente a aprender de él. Lucas con este gesto nos deja ver la autoridad que tenía Jesús.

Ante la orden de Jesús de remar mar adentro y echar las redes al agua, Pedro replicó explicando cómo no habían tenido suerte durante la noche, que era la hora en que era más probable pescar. Fue en ese momento en que Pedro pronunció una de sus frases magistrales: "Maestro, hemos estado bregando toda la noche y no hemos pescado nada; pero, por tu palabra, echaré las redes" (5:5).

Tanta fue la pesca que las redes se rompieron y necesitaron pedir ayuda. Al ver Simón (ahora Simón Pedro) lo sucedido, reconoció la grandeza de Jesús, cayó de rodillas y le pidió que se alejase de él por ser un pecador. Lucas utiliza este momento para dos cosas: primero para animarnos a no temer y, segundo, para narrar el llamado de los primeros discípulos. Los pescadores de peces se convertirían en pescadores de hombres, es decir, se dedicarían a acercar a otros a Jesús. En ese momento dejaron todo y lo siguieron.

Lectio divina

Dedica entre 8 y 10 minutos a la contemplación silenciosa del siguiente pasaje:

Cuando no veamos resultados en nuestro trabajo; cuando por más que tratamos de enseñar, corregir y animar a nuestros hijos veamos que no logramos nada; cuando vemos que por más que nos esforzamos las cosas no salen, repitamos las palabras de Pedro: "Maestro, hemos estado bregando toda la noche y no hemos pescado nada; pero, por tu palabra, echaré las redes" (5:5). Lo seguiré haciendo, Jesús está en mi barca. Y a su debido tiempo...la pesca llegará.

✠ *¿Qué puedo aprender de este pasaje?*

Día 2: Sermón de la montaña (7:20-26)

Nos encontramos ante la narración de las Bienaventuranzas. Lucas nos presenta este episodio en un llano a diferencia de Mateo que nos lo presenta en una montaña, recordando la estancia de Moisés en el monte Sinaí donde Dios le dio la ley.

Lucas menciona solo cuatro bienaventuranzas que están directamente ligadas a la vida humana: la pobreza, el hambre, la tristeza y la persecución. A diferencia de Mateo, Lucas no habla de una actitud, sino más bien de una condición. Por ejemplo, Lucas habla de los pobres, en lugar de los pobres de espíritu de los que habla Mateo. Para Lucas aquellos que son tratados injustamente por seguir a Jesús tienen razón para regocijarse, ya que recibirán su recompensa en la vida eterna.

Termina este sermón con una serie de "ayes": "¡Ay de ustedes...!" (6:25), que más que lamentaciones, son advertencias hechas por Jesús a aquellos que son injustos y que por su actitud hacen sufrir a otros. El mal no está en la posesión de bienes, sino en no darles un uso adecuado.

Lectio divina

Dedica entre 8 y 10 minutos a la contemplación silenciosa del siguiente pasaje:

Jesús nos enseña que es en Dios donde podemos encontrar la verdadera dicha. Aquellos que decidieron sacrificar su vida por Cristo pueden parecer pobres, hambrientos, afligidos o rechazados, pero son bendecidos a los ojos de Dios. Mientras que aquellos que se esfuerzan por vivir una vida de riqueza, de placer o de fama a costa de ignorar a otros, no tienen nada ante los ojos de Dios. Los que viven para Cristo son las personas más ricas del mundo.

✠ *¿Qué puedo aprender de este pasaje?*

Día 3: Jesús resucita al hijo de una viuda (7:11-17)

En esa época, una mujer a quien se le moría su esposo quedaba totalmente desprotegida, a no ser que tuviese un hijo varón que cuidase de ella y la proveyese de los bienes necesarios para subsistir. En el caso de esta mujer se le habían muerto los dos, el esposo y el hijo. Su situación era de total vulnerabilidad.

Nos encontramos frente a una historia de compasión, la compasión de Jesús frente al sufrimiento de una viuda a quien se le había muerto su único hijo. La mujer no le pidió que lo resucitara, es más, ni siquiera se dirigió a Jesús, sino que este iba pasando con los suyos por la ciudad de Naím cuando vio el cortejo fúnebre. La reacción de los que lo rodeaban no se dejó esperar: glorificaron a Dios, reconociendo que un gran profeta había surgido entre ellos.

Lectio divina

Dedica entre 8 y 10 minutos a la contemplación silenciosa del siguiente pasaje:

Dios actúa continuamente en nuestras vidas sin que nosotros se lo pidamos. ¿Me doy cuenta de su cuidado por mí?

✠ *¿Qué puedo aprender de este pasaje?*

Día 4: Jesús perdona a la pecadora (7:36-50)

En la época de Jesús, cuando un invitado llegaba a una casa, el dueño de la misma tenía previsto que uno de sus esclavos le lavase los pies llenos de tierra del camino y le ungiese la cabeza; finalmente el dueño de la casa le saludaba con un beso. En esta ocasión, el dueño de la casa no tuvo estas atenciones, pero se molestó cuando una mujer pecadora se puso a lavar los pies de Jesús con sus lágrimas, enjugándolos con sus cabellos, besándolos y ungiéndolos con perfume.

Jesús se valió del testimonio de la mujer para explicar la relación entre el amor y el perdón por medio de una parábola. ¿Cuál de los dos ama más? preguntó Jesús, "Supongo que aquel a quien perdonó más" (7:43) contestó Simón el fariseo. Termina este pasaje con Jesús perdonándole los pecados a la mujer, cosa que causó conmoción entre los presentes que se preguntaban quién era Jesús para perdonar los pecados. Jesús, subrayando el poder de la fe, dijo a la mujer: "Tu fe te ha salvado, vete en paz" (7:50).

Lectio divina

Dedica entre 8 y 10 minutos a la contemplación silenciosa del pasaje. Toma en cuenta estas ideas:

En este pasaje podemos ver cómo el amor a Dios y el perdón de los pecados están íntimamente relacionados. El perdón lleva al amor y el amor obtiene el perdón.

✠ *¿Qué puedo aprender de este pasaje?*

Día 5: Mujeres que siguen a Jesús (8:1-3)

Durante la época de Jesús, se consideraba que las mujeres eran inferiores a los hombres; pero Lucas nos habla de un grupo de mujeres que acompañaba a Jesús y a los Doce en sus viajes por las ciudades y pueblos donde predicaba y anunciaba el Evangelio. Entre esas mujeres iban algunas a quienes Jesús había liberado de espíritus malignos. También habla de María Magdalena y Juana, quienes serían testigos de la tumba vacía cuando la resurrección de Jesús y afirma que había muchas que le asistían con sus bienes.

Lectio divina

Dedica entre 8 y 10 minutos a la contemplación silenciosa del pasaje:

Poder predicar y anunciar el Evangelio del Reino requiere de la cooperación de todos, de hombres y mujeres, de sacerdotes y laicos, de niños y jóvenes. Es una labor en conjunto, porque todos formamos la Iglesia.

✠ *¿Qué puedo aprender de este pasaje?*

Preguntas de reflexión y repaso

1. ¿Cómo llamó Jesús a sus primeros discípulos en el Evangelio de Lucas?
2. ¿A quién dirige Jesús la frase: "Ay de ustedes…"?
3. ¿Por qué resucitó Jesús al hijo de la viuda de Naím?
4. ¿Por qué Jesús perdonó a la pecadora?

LECCIÓN 2

El discipulado y sus exigencias— la alegría de Dios por el arrepentimiento de los pecadores

LUCAS 9-13

> *"Yo les digo: Pidan y se les dará; busquen y hallarán; llamen y se les abrirá. Porque todo el que pide, recibe; el que busca, halla; y al que llama, le abrirán"* (11:9-10).

Oración inicial *(ver página 15)*

Contexto

Parte 1: Lucas 9-13: Jesús sigue enseñando a sus discípulos cómo debe ser su comportamiento, enumera las exigencias para seguirle, les explica quién es el prójimo, los invita a elegir la mejor parte como hizo María; les revela el poder de la oración perseverante en la parábola del amigo inoportuno; y, con la parábola del rico insensato, los pone en guardia contra la avaricia.

Parte 2: Lucas 14-16: Lucas narra una serie de parábolas para hacernos ver la alegría que los pecadores arrepentidos dan a Dios.

PARTE 1: ESTUDIO EN GRUPO (LUCAS 9-13)

Leer en voz alta Lucas 9-13

Las exigencias del discipulado (9:51-62)

"Envió, pues, mensajeros delante de sí" (9:52). Así inició Jesús su camino hacia Jerusalén. Para llegar a esta, era necesario pasar por la región de Samaria. Entre judíos y samaritanos existía una rivalidad política y religiosa desde la época de la invasión asiria (siglo VIII a.C.), pues los samaritanos no reconocían que el Templo de Jerusalén fuese el único lugar donde se podían ofrecer sacrificios, ya que ellos habían construido su propio templo en el Monte Garizim. Cuando sus discípulos entraron en un pueblo de Samaria, les negaron el hospedaje ya que ningún judío que fuese rumbo a Jerusalén era bienvenido. Lucas busca que los lectores comprendan cómo estaba comenzando el rechazo hacia Jesús. Santiago y Juan querían que del cielo bajase fuego y destruyese a esas personas. Aquí vemos cómo los hombres pretendemos que las cosas salgan a nuestra manera y si no, reaccionamos de forma airada; pero Jesús se guía por otros criterios y les reprendió.

Lucas nos da una lección sobre lo que significa seguir a Jesús. Nos habla de la totalidad de la exigencia y de la profundidad del compromiso. Seguir a Jesús no es cualquier cosa. Para darnos esta lección se vale de tres ejemplos. Al primero que le prometió seguirlo adondequiera que fuese, Jesús le recordó que el discípulo debía vivir como el Hijo del Hombre, sin un lugar dónde descansar. Al segundo le dejó claro que seguirlo requiere de un compromiso inmediato y total, diciendo: "deja que los muertos entierren a sus muertos, tú vete a anunciar el Reino de Dios" (9:60). Estas palabras salidas de la boca de Jesús son costosas, nos duelen, ¿cómo es que Jesús no lo deja ir a enterrar a su padre? Esto no significaba que su papá se estuviese muriendo en ese momento, más bien lo que este aspirante a discípulo quería era esperarse a que su padre muriera. Entonces estaría libre para seguir a Jesús. Finalmente nos muestra la radicalidad del seguimiento, seguir a Jesús significa no volver la vista atrás, no añorar lo que se ha dejado. ¡Ser discípulo de Jesús no es fácil, pero es posible!

La misión de los setenta y dos discípulos (10:1-12)

Lucas, en el capítulo 9 de su Evangelio, narra el envío misionero de los Doce. Ahora se trata del envío misionero de setenta y dos discípulos, a quienes Jesús envió delante de Él de dos en dos a preparar a las comunidades para su llegada. Esto era una costumbre que se tenía cuando una personalidad se aproximaba a una población.

A continuación Jesús habló sobre un gran campo de cultivo, pero con pocos trabajadores, haciendo referencia a que había muchas personas a quienes llevarles el mensaje de salvación, pero pocos haciéndolo, por lo tanto había que orar y pedirle al dueño de la viña, esto es a Dios, que mandase más discípulos.

Les dio instrucciones para el camino. Deberían viajar de manera sencilla, comer lo que les dieran, sanar a los enfermos, no asustarse o acobardarse ya que irían como ovejas en medio de lobos; hospedarse en una sola casa, ya que su viaje no era de placer, ni para visitar a viejos amigos, sino para predicar el mensaje de Jesús. Y si no eran recibidos en algún lugar, debían sacudirse el polvo de la ciudad y seguir adelante.

La predicación consistiría en anunciar que el Reino de Dios había llegado, añadiendo que su paz acampanaría a quienes los recibiesen.

¡Ser discípulo de Jesús significa ser un misionero, donde quiera que el Señor nos ponga!

La alegría de ser su discípulo (10:17-24)

Regresaron contentos los setenta y dos discípulos después de su misión, contando a Jesús cómo al hacer frente a los demonios en su nombre, estos se les sometían. Jesús compartió su alegría, diciéndoles que Él vio a Satanás caer del cielo como un rayo.

En la época de Jesús muchos paganos creían que aquellos que controlaban los cielos, también controlaban la Tierra. El que Satanás cayera de los cielos significaba que había perdido su dominio sobre la Tierra. Es así como Jesús dejaba claro a sus oyentes que con su llegada el Reino de Dios ya estaba presente en el mundo, dando lugar a la derrota del reino de Satanás.

¡Qué manera más hermosa utiliza Lucas para dejarnos entrever la profundidad de la oración de Jesús! Inicia diciendo que Jesús "se llenó de gozo Jesús en el Espíritu Santo" (10:21) alabó a su Padre. La alabanza es propia del hombre para con Dios su creador; Jesús alabó a su Padre, por tanto, ¡su Padre es Dios!

Además dijo que no es la inteligencia, sino la fe la que llevó a estos discípulos a entender el mensaje de Jesús con claridad. Es interesante notar que, en este pasaje, en ningún momento Jesús felicitó a los discípulos por sus hazañas, más bien centró su atención en alabar al Padre y en dejar claro que "Mi padre me lo ha entregado todo" (10:21).

Jesús recordó a los discípulos el gran regalo que habían recibido, ya que habían visto y escuchado lo que los grandes profetas y reyes del pasado habrían querido presenciar.

Parábola del Buen Samaritano (10:25-37)

"Vete y haz tú lo mismo" (10:37), respondió Jesús al doctor de la ley que buscó ponerle a prueba y esa es también su enseñanza para nosotros.

Adentrémonos en la historia. Resulta que un hombre muy versado en el Antiguo Testamento, preguntó a Jesús qué debería hacer para obtener la vida eterna. Jesús respondió: "¿Qué está escrito en la ley?" (10:26). El doctor respondió que amar a Dios citando el libro del Deuteronomio (Dt 6:5) y amar al prójimo citando el libro del Levítico (Lv 19:18).El pueblo judío ya conocía esas leyes, pero fue con la venida de Jesús que ambas leyes quedaron unidas. Es así como Jesús inicio la narración de la historia del Buen Samaritano para explicarle a ese hombre, y a nosotros, quién es nuestro prójimo. La palabra prójimo nos da la idea de "próximo." ¿Quién es mi "próximo"?

En esta parábola, un hombre fue robado, golpeado y dejado tirado en el borde de la carretera. Un sacerdote y un Levita pasaron de largo sin ayudarlo. Puede haber sido que no desearan contaminarse al tocar la sangre del herido. Cualquiera que hubiese sido la razón para pasar de largo, lo hicieron y dejaron ahí al hombre. Pero pasó por ahí un samaritano, hombre que pertenecía a un grupo odiado y evitado por los judíos. Y fue aquel, el considerado menos por los judíos quien se compadeció del herido y lo ayudó. Lo llevó a una posada, dejó dinero al posadero y prometió que pagaría a su regreso lo que se debiera por su cuidado.

¡Vaya parábola! Debió de haber dejado fríos a los judíos que la escuchaban. Nunca se hubiesen imaginado que un samaritano fuese a hacer un acto de piedad. Jesús, actuando como abogado, preguntó quién había actuado como prójimo del herido en la historia. La respuesta: el verdadero prójimo fue el que trató al hombre con misericordia.

Los misericordiosos son aquellos que reconocen que son vecinos de todos. ¡Ser discípulo de Jesús significa ser misericordiosos y compasivos!

Marta y María (10:38-42)

Esta narración del Evangelio de Lucas es una historia perfecta para discernir qué es lo más importante. Yendo de camino, Jesús visitó la casa de una mujer llamada Marta que tenía una hermana cuyo nombre era María. Mientras que Marta se ocupó en preparar la comida para su invitado, María se sentó a los pies de Jesús para escuchar sus palabras.

Cuando Marta se quejó, Jesús opinó que María había escogido la mejor parte, es decir, estar con Él, aun cuando socialmente se esperaba que una mujer

---

estuviese en la cocina y no a los pies de un maestro escuchando sus enseñanzas. Como decíamos al principio, esta es una historia que nos enseña a discernir lo más importante: estar cerca de Jesús.

¡Ser discípulo de Jesús significa aprender de Él!

Parábola del amigo inoportuno (11:5-13)

Después de que Jesús enseñó a sus discípulos cómo orar, les dio a sus discípulos, y nos da a nosotros, una lección sobre la perseverancia en la oración. Contó la parábola de un amigo que inoportunamente llega a casa de otro, a media noche, para pedir un favor. En ese momento todos los de la casa estaban acostados. En la época de Jesús, no había recámaras en las casas; tampoco había camas. Lo que había era un gran cuarto donde los miembros de la familia se acostaban en el suelo a dormir. Dormían uno junto al otro. Levantarse e ir a abrir la puerta al amigo inoportuno implicaba disturbar a todos los miembros de la familia.

Con esta parábola queda claro que Dios es más generoso y está más dispuesto a responder a nuestras peticiones incluso más que un amigo. Nos muestra también todo lo que puede lograrse con la oración sincera.

¡Ser discípulo de Jesús significa perseverar en la oración!

Advertencia en contra de la ambición (12:13-21)

Desde tiempos inmemorables hasta nuestros días, las diferencias entre dos personas muchas veces tienen que ser resueltas por un tercero, ya sea un tribunal, un juez, un familiar, o como en este caso, un maestro, es decir Jesús. A él se le acerca una persona solicitando su intervención para repartir de forma justa una herencia. Jesús no intervino, pero como buen maestro que era, aprovechó la oportunidad para enseñar: "Miren y guárdense de toda codicia, porque, aunque alguien posea abundantes riquezas, éstas no le garantizan la vida" (12:15). Les dio así una lección sobre el uso de los bienes materiales.

Para esto se sirvió de la parábola del rico insensato, quien ante una cosecha abundante, decide construir nuevos graneros para almacenarla. El problema vino con su actitud: tengo mucho guardado, voy a descansar, comer y beber. En pocas palabras, de ahora en adelante me voy a dedicar a darme todos los gustos. Jesús no condenó a este hombre por su laboriosidad, sino por su egocentrismo.

Jesús llamó necio a este hombre quien creía tener todas las variables de su vida bajo control; sin embargo, no contaba con que moriría esa misma noche. Se preparó para esta vida, pero no para la eterna. Y lo que almacenó en la tierra, en la tierra se quedó.

Radicalidad del seguimiento (12:49-53)

Este pasaje está lleno de enseñanzas dadas por Jesús. Primero nos dice que Jesús dejo claro que Él había venido a traer fuego a la Tierra. El fuego es un símbolo que representa al Espíritu Santo, básicamente nos está diciendo que vino a traernos al Espíritu Santo. Después habló sobre el gran dolor y la angustia que estaba sintiendo hasta que llegara su "bautismo", refiriéndose a su pasión, muerte y resurrección. Y finalmente aclaró que Él no vino a traer la paz, sino la división incluso dentro de la misma familia, ya que algunos de los miembros le seguirían y otros no. Cuando Lucas escribió su Evangelio, muchas familias rechazaban a sus hijos, a sus padres o a sus suegros porque habían optado por la fe en Jesucristo.

Necesidad del arrepentimiento y la higuera estéril (13:1-9)

En este pasaje Lucas nos presenta el episodio de algunos que se presentaron ante Jesús para contarle que los hombres de Pilato, el gobernador romano de la provincia de Judea, habían matado a un grupo de galileos que estaban en el Templo de Jerusalén ofreciendo su sacrificio. Jesús les preguntó: "¿Piensan que esos galileos eran más pecadores que todos los demás galileos?" (13:2). No, Dios no actúa de esa manera, y les advierte que su vida puede terminar tan rápido como la de los hombres a quienes Pilato mandó matar.

A continuación Jesús contó la historia de la higuera estéril. La figura de la higuera se usaba en el Antiguo Testamento como símbolo de Israel. Cuando el dueño de la higuera fue a recoger el fruto de esta y no lo encontró, dio órdenes al viñador para que la cortase. El viñador pidió al propietario que dejase a la higuera tan solo un año más y que él se encargaría de cuidarla y ponerle abono. De no dar fruto, entonces sería cortada. Esta historia refleja el deseo de Dios de que todos se salven, incluso dando una vida más larga para que el pecador pueda arrepentirse.

Jesús cura a una mujer encorvada (13:10-17)

Este pasaje de Lucas nos da dos grandes lecciones: primera, que Jesús, el Hijo de Dios, tiene poder para enderezar a una persona; y segunda, el bien se puede hacer siempre, cualquier día de la semana, a cualquier hora y con quien sea.

Una mujer que llevaba encorvada dieciocho años se le presentó a Jesús en el Templo. Jesús inmediatamente la sanó imponiéndole las manos. La reacción de la mujer no se dejó esperar: empezó a dar gloria a Dios. Mientras tanto el jefe de la sinagoga se encolerizó porque Jesús había curado en sábado, que era el día de descanso para los judíos. Los líderes estaban tan obsesionados por la observancia del sábado, que habían perdido de vista la misericordia y el amor. Se olvidaban de que el amor de Dios no descansa nunca.

Ante las acusaciones de estos líderes religiosos Jesús respondió enérgicamente llamándolos: "¡Hipócritas!" (13:15). Les dijo que ellos también trabajaban en sábado dejando libres a sus animales para que pudieran ir a beber agua; sin embargo, paradójicamente, no permitían que un ser humano fuese sanado. Termina Lucas diciéndonos que sus adversarios se sentían confundidos, mientras que la gente se alegraba de las maravillas que hacía.

¡Ser discípulo de Jesús significa rescatar a los demás de sus dolencias emocionales, físicas y espirituales para que lleguen a ser lo que deben ser!

Preguntas de reflexión y repaso

1. ¿Cuál es el mensaje que buscaba dar Jesús al reprender a sus discípulos por desear la condenación de los samaritanos al no haberles brindado hospitalidad cuando iban camino de Jerusalén?
2. ¿Qué aprendemos de la historia de la visita de Jesús a Marta y María?
3. ¿Realmente Jesús responde cuando oramos con perseverancia?
4. ¿Qué lección aprendemos de la parábola de la higuera?
5. Enumera algunas buenas acciones que podrían realizarse en el día del Señor.
6. ¿Crees que Dios tiene el poder para enderezar a una persona jorobada?

Oración final *(ver página 15)*

Hacer la oración final ahora o después de la *Lectio divina*.

Lectio divina *(ver página 8)*

Relaja tu cuerpo y mantén una postura de oración (espalda recta, ojos cerrados, pies en el piso). Puedes tomar todo el tiempo que quieras para hacer este ejercicio, pero se considera que para los fines de este estudio bíblico, de 10 a 20 minutos es suficiente.

Las meditaciones que se proporcionan a continuación tienen como finalidad simplemente ayudar a los participantes del grupo a utilizar esta forma de oración, pero ten en cuenta que la finalidad de la *Lectio divina* es llevar a la persona a la contemplación orante, donde la Palabra de Dios hable al corazón (para mayor información, ve la página 8).

Las exigencias del discipulado (9:51-62)

Pasa de 8 a 10 minutos en contemplación silenciosa del pasaje. Estas ideas pueden serte de utilidad:

Ante el mal que encontramos en el mundo, puede brotar en nosotros la misma pregunta que le hicieron los discípulos a Jesús: "Señor, ¿quieres que digamos que baje fuego del cielo y los consuma?" (9:54). Cuestionamos a Dios sobre esto y aquello, y queremos que actúe inmediatamente, que acabe de inmediato con el mal. Pero Dios, no piensa como nosotros. Dios no destruye al malvado. Jesús, que es Dios y que ama a todos, no vino a destruir al pecador, sino a darle todas las oportunidades necesarias para su salvación. Nosotros, como seguidores de Jesús, debemos tomar la misma actitud de Jesús: dar a los pecadores la oportunidad de que cambien sus vidas.

✠ *¿Qué puedo aprender de este pasaje?*

La misión de los setenta y dos discípulos (10:1-12)

Pasa de 8 a 10 minutos en contemplación silenciosa del siguiente pasaje:

Cuando Jesús habló sobre los obreros de la viña, no hablaba solamente de aquellos que han seguido una vocación a la vida religiosa o consagrada. Más bien, Jesús hablaba sobre todos aquellos que, a través de los siglos, han decidido seguirlo más de cerca. Y cuando hablaba sobre la cosecha, se refería a todas las personas que a través de la historia han necesitado o necesitan escuchar la Palabra de Dios. También se refería a aquellos que, habiéndola escuchado, necesitan ayuda para comprenderla.

✠ *¿Qué puedo aprender de este pasaje?*

La alegría de ser sus discípulos (10:17-24)

Pasa de 8 a 10 minutos en contemplación silenciosa del pasaje. Estas ideas te pueden ser útiles:

Y volvieron muy "alegres" (10:17), nos dice Lucas. ¡Qué alegría! Me pongo a pensar en mis hijos cuando vuelven de misiones. También ellos tienen un sentimiento de plenitud, como cuando termino de dar una clase y veo en las caras de mis alumnos que han captado la profundidad del mensaje de la Sagrada Escritura. Siento una alegría que me llena, que me anima a seguir adelante. Y es que ¡estamos hechos para dar! Es en el dar, que recibimos. Esta misma sensación tuvieron aquellos setenta y dos que salieron a misionar. En el dar, recibieron.

Y gracias a ellos y a muchos como ellos, estamos nosotros ahora aquí, leyendo y estudiando sobre Jesús, el Cristo.

✠ *¿Qué puedo aprender de este pasaje?*

Parábola del Buen Samaritano (10:25-37)

Pasa de 8 a 10 minutos en contemplación silenciosa del pasaje. Considera también estas ideas:

Hablando de ser un buen samaritano, puede ser útil recordar aquí la bellísima historia de Mons. Mark Seitz, sacerdote católico, que siendo párroco de una de las parroquias de la Diócesis de Dallas, donó uno de sus riñones a uno de sus parroquianos. Actualmente es obispo de la Diócesis de El Paso, Texas.

✠ *¿Qué puedo aprender de este pasaje?*

Marta y María (10:38-42)

Pasa de 8 a 10 minutos en contemplación silenciosa del pasaje. Ten presentes también estas ideas:

Jesús no dijo que una hermana estuviera actuando bien y la otra mal. No menospreció la virtud de la laboriosidad desplegada por Marta, simplemente aclaró que María había elegido la mejor parte y que nadie se la quitaría: estar cerca de Jesús.

✠ *¿Qué puedo aprender de este pasaje?*

Parábola del amigo inoportuno (11:5-13)

Pasa de 8 a 10 minutos en contemplación silenciosa del pasaje:

Tener el deseo de orar es en sí un acto de oración. Si nuestra oración es imperfecta, Dios también responde a ella ya que, como buen Padre que es, no pide perfección, sino amor, confianza y perseverancia. Desde su infinita misericordia responderá de acuerdo con su voluntad.

✠ *¿Qué puedo aprender de este pasaje?*

Advertencia contra la ambición (12:13-21)

Pasa de 8 a 10 minutos en contemplación silenciosa del siguiente pasaje:

Cuando en la Ciudad de México murió un empresario muy importante, accionista de una de las empresas cerveceras más grandes del mundo. Era un hombre al que los demás consideraban exitoso, enormemente rico y reconocido. Se celebró una Misa por su eterno descanso en la parroquia cercana a nuestra casa. Coches de lujo se alineaban en las aceras cercanas a la Iglesia, personas elegantemente vestidas se dirigían a toda prisa para presentar sus condolencias a la viuda y a las hijas del difunto. Esa noche un hombre que lo había conocido se enteró de lo que había pasado en la Misa y en el cortejo fúnebre de aquel señor. Cuando la persona que lo puso al tanto terminó su relato, aquel hombre simplemente le preguntó: ¿y qué se llevó? Este comentario es digno de tenerse siempre presente. Efectivamente, tenía muchas, muchísimas pertenencias y no se llevó nada.

✠ *¿Qué puedo aprender de este pasaje?*

Radicalidad del seguimiento (12:49-53)

Pasa de 8 a 10 minutos en contemplación silenciosa del pasaje:

Este pasaje nos habla sobre cómo el mensaje que trajo Jesús es un mensaje radical, que no deja espacio para "hacer como que hacemos". Básicamente o somos de Cristo o no lo somos.

✠ *¿Qué puedo aprender de este pasaje?*

Necesidad del arrepentimiento y la higuera estéril (13:1-9)

Pasa de 8 a 10 minutos en contemplación silenciosa del pasaje:

Así como el viñador que cuidaba la higuera pidió al dueño de la misma que la dejase un año más para ver si daba fruto con los cuidados que él le proporcionaría, así también sucede con Dios, quien nos da más tiempo para volvernos a Él y nos ofrece siempre su gracia. ¡Aprovechémoslas!

✠ *¿Qué puedo aprender de este pasaje?*

Jesús cura a una mujer encorvada (13:10-17)

Pasa de 8 a 10 minutos en contemplación silenciosa del pasaje:

El domingo es el día del Señor, en él celebramos la resurrección de Jesús, la renovación de la creación por Cristo, es el "octavo día", la culminación del tiempo. Podemos decir que es el día de festejo de los hijos de Dios. En el estamos llamados a adorar en comunidad al Señor, siendo así que los aleluyas, hosannas y amenes resuenan en la boca de aquellos que aclaman al Señor. El día del Señor se ha convertido en un tiempo para hacer el bien, visitar a los enfermos, ayudar a los vecinos necesitados, pasar tiempo con la familia y dirigir palabras de aliento a aquellos que sufren dolor de cuerpo y alma. Qué mejor manera de celebrar el día del Señor, que haciendo lo que Él hacía.

✠ *¿Qué puedo aprender de este pasaje?*

Día 1: Los primeros puestos: lección sobre la humildad (14:7-14)

Un sábado Jesús entró a comer a la casa de un jefe de los fariseos y ahí, observando, se dio cuenta de cómo las personas elegían los mejores lugares. Esto dio pie para que diera una de sus grandes enseñanzas: "Cuando alguien te invite a una boda, no te pongas en el el primer puesto" (14:8). Por el contrario, ve y ocupa el último puesto. Esta enseñanza de Jesús es contraria a lo que el mundo actual nos dice. El mundo actual nos presiona para que ocupemos los mejores puestos, para que busquemos sobresalir.

Continuando con su enseñanza, Jesús dijo a los presentes que si invitan a sus amigos, parientes o vecinos ricos a la cena que organicen, cuando ellos tengan una cena en su casa y los inviten, el favor quedará pagado, mientras que si invitan a los pobres, a los enfermos y a los marginados, quienes no tienen forma de corresponder a la invitación "se te recompensará en la resurrección de los justos" (14:14).

Es importante notar que Jesús no nos pide ignorar a nuestros amigos, familiares o vecinos porque tienen riquezas, más bien Jesús critica el motivo de la invitación. Enseña a su auditorio y a nosotros la importancia de la pureza de intención, virtud que debe acompañar todos nuestros actos, a fin de que estos sean auténticos. Pureza de intención, esto es, buscar en todo y sobre todo agradar a Dios.

¡Ser discípulo de Jesús significa actuar con pureza de intención!

Lectio divina

Dedica entre 8 y 10 minutos a la contemplación silenciosa del siguiente pasaje:

La pureza o rectitud de intención es la actitud que debe acompañar el actuar de los seguidores de Cristo. Debemos preguntarnos: ¿por qué hago las cosas?, ¿para ser visto por los demás o para dar gloria a Dios? Cuando lo hago para ser alabado y aplaudido por los hombres, con la alabanza o el aplauso ya quedo pagado, puesto que se cumplió con el objetivo para lo cual fue hecho; mientras que si lo hago por la gloria de Dios y bien de los hombres, entonces las cosas cambian pues el premio lo recibiremos en el cielo.

✠ *¿Qué puedo aprender de este pasaje?*

Día 2: Condiciones para seguir a Jesús (14:25-35)

Seguir a Jesús tiene un costo, es decir, no es fácil y a veces exige mucho sacrificio. Esto es en pocas palabras lo que aprendemos en este pasaje del Evangelio de Lucas. Se nos dice que Jesús iba con mucha gente, cuando al improviso se volvió a ellos y les habló sobre los tres sellos distintivos que deben tener aquellos que lo siguen.

Primero, seguir a Jesús implica elegirlo de manera definitiva. Utilizo una frase que nos puede costar trabajo aceptar y más viniendo de Jesús, cuando dijo que había que odiar a nuestros familiares para ser su discípulo. ¿Odiar?, ¿dijo Jesús la palabra "odiar" cuando Él es el primero en hablar de amor?, nos preguntamos. Jesús lo que hizo fue usar la palabra "odio" en contraposición con la palabra amor. Esta figura literaria, llamada hipérbole, era común en los textos del Antiguo Testamento y consiste en una exageración para hacer más clara una idea. Jesús quiere que lo sigamos totalmente. Lucas habla a su auditorio de una totalidad cuando este ya era consciente de la entrega total de Cristo en la cruz.

Segundo, seguir a Jesús implica tomarlo en serio. Así como el constructor de una torre debe calcular sus materiales con anticipación para determinar si tiene suficiente dinero y puede construir, y un rey debe calcular la capacidad de su propio ejército cuando va a declarar guerra a otro, así los seguidores de Jesús deben calcular la profundidad de su propio compromiso y de su apego a las cosas materiales.

Tercero, seguir a Jesús implica no perder la esencia de lo que somos: ante todo, discípulos de Cristo. Así como la sal, si sala, está buena y si no sala, de nada sirve.

Lectio divina

Dedica entre 8 y 10 minutos a la contemplación silenciosa del pasaje:

Cada vez que celebramos un sacramento, hacemos un nuevo compromiso con Dios. Si Jesús estuviera hoy en forma humana y terrenal, podría decirnos: "Antes de hacer este compromiso, quiero que te sientes y considerares seriamente si eres capaz". Según Jesús, hay que calcular si tenemos suficiente fe para finalizar la tarea o suficiente fortaleza espiritual como para enfrentarnos a un enemigo que desafía nuestra fe. La importancia del mensaje queda acentuada al aclarar Jesús que estas enseñanzas hay que escucharlas con los oídos de la fe.

✠ *¿Qué puedo aprender de este pasaje?*

Día 3: Parábola de la moneda perdida (15:8-10)

La alegría que produce el arrepentimiento de un pecador es la enseñanza de esta breve, pero sustanciosa parábola contada por Jesús. Trata de una mujer que, al perder una moneda, se pone a buscarla hasta que da con ella. Su reacción es ir a casa de los vecinos a decirles que se alegren con ella.

Es interesante notar que a la mujer de esta parábola solo se le perdió una moneda de las diez que tenía. En realidad, hablando en términos matemáticos, solo se le perdió una décima parte de su dinero, todavía le quedaba el 90%. Parecería que no es para tanto. Pero pasemos esta comparación a las almas de los hombres, tal y como lo hizo Jesús. Así cobra una nueva perspectiva. Cada alma, cada hombre y mujer, es muy valioso ante Dios.

¡Ser discípulo de Jesús significa hacer todo lo necesario para que no se pierda ni una sola alma!

Lectio divina

Dedica entre 8 y 10 minutos a la contemplación silenciosa del siguiente pasaje:

Después de haber leído esta y otras parábolas de Jesús, acerca de la alegría de Dios por el arrepentimiento de los pecadores, no queda más que preguntarnos cómo es que algunas personas puedan sentir que se han alejado tanto de Dios que ya no pueden ser perdonados por Él. De hecho, varios de los grandes mensajes predicados por Jesús hablan sobre la gran alegría que se produce en el cielo cuando los pecadores se arrepienten de sus pecados y se encuentran de nuevo con Dios y su gracia.

✠ *¿Qué puedo aprender de este pasaje?*

Día 4: Parábola del hijo pródigo (15:11-32)

Jesús contó una parábola sobre el menor de dos hijos que pidió a su padre su parte de la herencia y cómo el padre le permitió seguir el camino que había elegido, aunque esto significase que el hijo se fuera a separar de la familia. Lo mismo sucede con Dios y con nosotros. Podemos decirle a Dios "hasta luego", "ya me voy", "me llevo mi vida y los dones que me diste" y Él nos lo permitirá. Y esto es por el amor tan grande que nos tiene. Por ese infinito amor al crearnos nos dio el libre albedrío, es decir, la libertad para tomar decisiones y actuar de acuerdo con lo que pensamos, incluso cuando estas decisiones pudieran alejarnos del mismo Dios.

El hijo se fue a dilapidar la herencia, viviendo una vida desordenada, y finalmente perdió todo. Dándose cuenta de que en casa de su padre estaba mucho mejor, decidió regresar admitiendo su pecado y pidiendo a su padre que lo recibiera como un jornalero.

La parábola se centra en el hecho de que el padre, que representa a Dios, ve al hijo a la distancia y corre hacia él para abrazarlo y besarlo. ¡Tan grande fue su amor y compasión! Sin decirlo el padre ya había expresado su perdón y no podía pensar en su hijo de otra manera, más que como hijo, por más que este insistiera en ser recibido como jornalero.

El padre no le reprendió, sino que pidió a sus sirvientes que trajeran los mejores vestidos y alimentos para celebrar a su hijo que estaba muerto y había vuelto a la vida. Le daba así nuevamente la bienvenida a la familia.

Cuando el hijo mayor se enteró de la bienvenida dispensada a su hermano pecador, se enojó, negándose a participar en el festejo y acusando a su padre de haber perdonado al pecador, mientras que a él, que siempre había cumplido con las reglas, nunca le había hecho una fiesta. Efectivamente, el hijo mayor había cumplido las reglas, pero no había amado. La diferencia entre el padre y él era el amor.

¡Ser discípulo de Jesús significa comprender que el amor de Dios es tan grande que es capaz del perdón!

Lectio divina

Dedica entre 8 y 10 minutos a la contemplación silenciosa del pasaje:

Curioso personaje es el hijo mayor que se sintió ofendido por los gestos de amor y perdón del padre. Muchos de nosotros corremos el riesgo de ser como él, de mirar al pecador como inferior y negarnos a reconocer su arrepentimiento, quedándonos en el mal que alguna vez hizo y no en su contrición. Uno de los mayores desafíos que se nos presentan como cristianos es vivir de acuerdo con lo que somos: hombres y mujeres creados a imagen y semejanza de Dios. Estamos llamados a ser como el padre de la parábola, seres amorosos, capaces de perdonar y de alegrarnos cuando el que estaba perdido regresa.

✠ *¿Qué puedo aprender de este pasaje?*

Día 5: Parábola del administrador infiel (16:1-13)

Una vez más Jesús utilizó una parábola para comunicar un gran mensaje. Esta vez se trata de que no se puede servir a Dios y al dinero al mismo tiempo, porque se corre el riesgo de prestar más atención al dinero y olvidarse de Dios.

Para llegar a esa enseñanza Jesús propone una parábola sobre un hombre rico que tenía un administrador al que acusaron de haber hecho mal uso de los bienes que le confiaron. Jesús cuenta cómo el administrador, al darse cuenta de que lo iba a despedir su patrón, comenzó a hacer planes para el futuro. Decidió que perdonaría en gran parte la deuda que otros tenían para con su patrón y así estos serían sus amigos. Porque, de acuerdo con la afirmación hecha por Jesús "los hijos de este mundo son más sagaces con los de su clase que los hijos de la luz" (16:8), los hijos de Dios no están viendo qué componendas pueden hacer para quedar bien con los demás, sino que solo buscan quedar bien con Dios.

Continua este pasaje con una frase verdaderamente acertada: "El que es fiel en lo insignificante, lo es también en lo importante" (16:10) y termina con otro solemne enunciado: "No pueden servir a Dios y al dinero" (16:13).

Lectio divina

Dedica entre 8 y 10 minutos a la contemplación silenciosa del pasaje:

Jesús sabiamente habló sobre la imposibilidad de servir a dos señores. O nos esforzamos por amar a Cristo y seguir sus palabras y su ejemplo, o nos esforzamos por buscar las recompensas del mundo como el poder, el prestigio, el lujo o el placer. Diariamente, con nuestro comportamiento, escogemos a qué amo vamos a servir.

✠ *¿Qué puedo aprender de este pasaje?*

Día 6: La parábola del hombre rico y Lázaro (16:19-31)

Esta parábola trata sobre la muerte de un hombre rico y un pobre mendigo llamado Lázaro. El hombre rico, indiferente ante la difícil situación de Lázaro, ni siquiera se fijaba en él cuando yacía a su puerta sufriendo.

Cuando Lázaro murió, fue llevado por los ángeles al seno de Abraham, es decir, al cielo, donde hay paz para los verdaderos descendientes de Israel. El hombre rico, en cambio, después de ser enterrado, padecía el castigo eterno.

Los papeles se invirtieron: Lázaro gozaba, mientras que aquel hombre sufría. Ya no había nada que hacer, pues entre el cielo y el infierno "se interpone un gran abismo, de modo que los que quieran pasar de aquí a ustedes, no puedan hacerlo" (16:26).

Cuando el rico pidió a Abraham que enviara a Lázaro a sus cinco hermanos para advertirles lo que les sucedería con su mal actuar, Abraham respondió que para eso habían tenido a Moisés y a los profetas: si no los habían escuchado, entonces tampoco escucharían "aunque un muerto resucite" (16:31). Estas palabras hacen referencia a la resurrección de Jesús. A pesar de haber resucitado, algunos todavía no aceptaban su mensaje.

Lectio divina

Dedica entre 8 y 10 minutos a la contemplación silenciosa del pasaje:

Esta parábola es conocida como la del hombre rico y Lázaro, pero creo que más bien debería llamarse la parábola del hombre malo y Lázaro, pues la trama gira en torno al egoísmo de un hombre. El egoísmo lo hacía actuar...egoístamente, ya que solo pensaba en él. Este hombre ni siquiera se había percatado de la existencia de Lázaro, no se había dado cuenta de que estaba afuera de su puerta. Al morir y verse en medio de tormentos, le gritaba desde el infierno al Padre Abraham que mandara a Lázaro para que mojase la punta de su dedo en agua y le refrescase la lengua, porque las llamas lo torturaban. Siguiendo con su manera egoísta de ser, volvió a hacer una petición, quería que Lázaro fuese a advertir a sus cinco hermanos, para que a ellos no les sucediera lo mismo. Este hombre nunca logró ver en Lázaro a un prójimo, aun estando en el infierno lo seguía viendo como un objeto para ser usado por él. ¡Egoísta!

✠ *¿Qué puedo aprender de este pasaje?*

Preguntas de reflexión y repaso

1. ¿Qué me dice la parábola de la moneda perdida sobre Dios?
2. ¿Qué nos revela la historia del hijo pródigo sobre el amor y la misericordia de Dios?
3. ¿Qué se nos enseña en la parábola sobre el administrador infiel acerca de servir a dos señores?
4. ¿Qué lecciones podemos aprender del hombre rico y de Lázaro?

Los últimos días de Jesús en Jerusalén—el ofrecimiento de su Cuerpo y Sangre— su muerte y resurrección

LUCAS 17-24

Así está escrito: que el Mesías tenía que padecer y resucitar de entre los muertos al tercer día; que en su nombre se predicaría penitencia y perdón de pecados a todas las naciones, empezando por Jerusalén (24:46-47)

Oración inicial *(ver página 15)*

Contexto

Parte 1: Lucas 17-23: Jesús enseñó que sus discípulos son simples sirvientes, que aun después de haber trabajado y predicado, solamente han cumplido con su deber. Cura a diez leprosos de los cuales solo uno le agradece. A través de la parábola del juez y la viuda nos enseña la importancia de orar siempre sin cansarnos. Con la parábola del fariseo y el publicano nos enseña cómo el que se alaba será humillado y quien se humilla será alabado y Zaqueo nos muestra lo que es capaz de hacer alguien que quiere seguir a Jesús. Una pobre viuda nos da ejemplo de totalidad en la entrega a Dios. Jesús nos anima a no dejarnos absorber o asustar por las preocupaciones de la vida. Cuando llega el momento, Jesús es llevado ante Pilato y Herodes. De camino al Calvario es ayudado por el Cireneo a llevar la cruz. Es crucificado entre dos ladrones.

Parte 2: Lucas 24: Nos presenta la resurrección de Jesús, el camino a Emaús, la aparición a sus discípulos y su ascensión a los cielos.

PARTE 1: ESTUDIO EN GRUPO (LC 17-23)

Leer en voz alta Lucas 17-23

El deber de los discípulos (17:7-10)

Jesús sigue instruyendo a los discípulos. En esta ocasión hace una afirmación magistral sobre cómo deben actuar sus discípulos: "No somos más que unos pobres siervos; sólo hemos hecho lo que teníamos que hacer" (17:10).

Para ejemplificar la necesidad de "hacer lo que se tiene que hacer" Jesús puso el ejemplo de una persona que tenía trabajadores bajo su mando, quienes se dedicaban a arar o a cuidar a los rebaños. Al final de la jornada, cuando estos regresaban a casa, seguían trabajando en las labores domésticas: servían la mesa, esperaban a que su patrón comiese, etc. La enseñanza es que el siervo estaba haciendo precisamente su trabajo, lo que tenía que hacer.

Pasando esta enseñanza a nuestras vidas, es importante que reconozcamos con humildad lo que somos: creaturas de Dios. Además de eso, quizás somos padres o madres de familia, abuelos, estudiantes, trabajadores en la industria alimenticia o en la automotriz, eso es lo de menos, lo importante es que hagamos lo que estamos llamados a hacer.

La curación de diez leprosos (17:11-19)

Siglos de enemistad distanciaban a los judíos y a los samaritanos. Por ello esta parábola nos dice mucho sobre la actitud del samaritano que fue el único leproso que regresó, no solo para agradecer a Jesús por haber quedado curado de la lepra, sino que además cayó rostro en tierra a los pies de Jesús glorificando a Dios en voz alta. ¡Qué hermosa escena!

Pero regresemos al inicio de la narración. Jesús cruzaba Galilea y Samaría para poder llegar a Jerusalén, cuando salieron a su encuentro diez leprosos. Recordemos que en esa época la lepra era una enfermedad incurable. Aquellos que la padecían era expulsados de las ciudades por temor al contagio y hacían su pequeña comunidad. Estos leprosos pidieron a Jesús que tuviese piedad de ellos. Fueron acogidos por Jesús al decirles: "Vayan y preséntense a los sacerdotes" (17:14). Al ordenarles que se presentaran ante los sacerdotes, quienes de acuerdo con la ley eran los encargados de declararlos limpios, Jesús estaba probando su fe. Lucas nos dice que, mientras iban de camino, quedaron curados.

Ahora cabe la pregunta: ¿por qué solo un leproso regresó?, ¿qué pasó con los otros nueve? Para ser más específicos, ¿por qué solo el no-judío (el samaritano) regresó? ¿Qué querría Lucas enseñar? ¿La importancia de la gratitud? ¿El que fue un no-judío el que vio en su curación la mano de Dios y regresó para glorificarlo? Quizás Lucas buscaba hacer comprender a la comunidad a la que escribía su Evangelio, que Jesús había venido para todos, judíos y no-judíos, y que habría veces en que precisamente los no-judíos serían los que lo reconocerían.

Parábola de la viuda y del juez injusto (18:2-8)

Lucas inicia con una de sus admirables frases introductorias: "Les propuso una parábola para inculcarles que era preciso orar siempre sin desfallecer" (18:1). Con esa simple frase, Lucas nos proporciona un resumen de la enseñanza que vamos a recibir: hay que orar siempre, sin cansarse.

Esta vez Jesús usó en su parábola a dos personajes: una viuda que buscaba insistentemente que se le hiciera justicia y un juez deshonesto que no quería hacerla. Fue la perseverancia de la primera la que movió al juez a actuar.

Termina la parábola haciendo una reflexión: si un juez injusto es capaz de hacer justicia con tal de que ya no le molesten, ¿qué no hará Dios por los suyos si "están clamando a él día y noche?" (cf. 18:7).

Parábola del fariseo y el recaudador de impuestos (18:9-14)

Una vez más inicia Lucas su narración con una frase lapidaria que resume el contenido de la parábola que va a contar: "A algunos que se tenían por justos y despreciaban a los demás les dijo esta parábola" (18:9). Vemos cómo Jesús no dejaba de aprovechar las oportunidades para enseñar e instaurar el Reino de los cielos en los corazones de sus discípulos.

Nos dice la parábola que dos hombres subieron al Tempo a orar, refiriéndose al Templo localizado en la ciudad de Jerusalén situada en las montañas. De ahí la canción que dice: "Qué alegría cuando me dijeron vamos a la casa del Señor [...] allá suben las tribus, las tribus del Señor". Estas palabras están tomadas del Salmo 122. El fariseo, o estudioso de las Escrituras, dedicó su tiempo de oración a hacer alarde de lo bueno que era, de todo lo que hacía y lo que no hacía, mientras que el otro hombre se reconocía como pecador. Este era recaudador de impuestos, por lo cual era despreciado por los judíos, ya que él siendo judío trabajaba para los romanos, cobrándoles los impuestos a los judíos. Era una especie de traidor.

Dos actitudes opuestas llevaron a Jesús a dejar clara la enseñanza: el recaudador de impuestos volvió a casa absuelto y el otro no. "Porque todo el que se ensalza será humillado; y el que se humilla será ensalzado" (18:14).

Conversión de Zaqueo (19:1-10)

Lucas nos presenta ahora una historia conmovedora, la historia de una conversión.

En esta ocasión se trataba de un jefe de recaudadores de impuestos. Su nombre, Zaqueo. Por la narración sabemos varias cosas de él: que era rico, que quería ver a Jesús, que era bajo de estatura, que se adelantó corriendo y que se subió a un árbol con tal de verle pasar.

Al llegar al sitio donde se encontraba Zaqueo, Jesús alzó la vista y le dijo que bajara "pronto", ya que ese día se hospedaría en su casa. La narración vuelve la atención a Zaqueo quien bajó rápidamente del árbol y recibió muy contento al Maestro en su casa, prometiendo darle la mitad de sus bienes a los pobres y devolverles a aquellos que había defraudado cuatro veces más de lo que les había despojado.

Hay que resaltar dos hechos que suceden en este pasaje. Primero, en el versículo 7 se nos dice que, al ver que Jesús iba a ir a casa de un hombre considerado como pecador, la reacción de la gente fue "murmurar", ya que no les parecía bien que se hospedara ahí; segundo, Jesús afirma que ese día ha llegado la salvación a esa casa, ya que también Zaqueo era hijo de Abraham (miembro del pueblo judío), por lo que tenía derecho a la salvación. La salvación se iniciaba con los miembros del pueblo judío para después ser llevada a todas las naciones, como veremos al final de este Evangelio: "y les dijo: «Así está escrito: que el Cristo debía padecer y resucitar de entre los muertos al tercer día y que se predicaría en su nombre la conversión para perdón de los pecados a todas las naciones, empezando desde Jerusalén" (24:46-47).

Termina con una de las afirmaciones más trascendentales de los Evangelios: "pues el Hijo del hombre ha venido a buscar y salvar lo que estaba perdido" (19:10).

La ofrenda de la viuda (21:1-4)

Se encontraba Jesús en el Templo de Jerusalén, que no solo era una magnífica obra arquitectónica, sino sobre todo el lugar de la morada de Dios. Ahí confluían los judíos de Jerusalén y aquellos que desde lejos venían en peregrinación para presentar su ofrenda y orar. Miles de personas entraban anualmente a este Templo y ahí, entre esa multitud, Jesús se fijó en una pobre viuda que ponía unas monedidas en el recipiente donde se depositaban las ofrendas, llamada también "arca del Templo." Las viudas en esa época se encontraban totalmente desprotegidas, pues su esposo, el encargado de protegerlas y mantenerlas, había muerto y en aquella época, a diferencia de ahora, las mujeres no tenían la posibilidad de trabajar y ser independientes.

Habiendo visto Jesús cómo los ricos depositaban sus donativos, compara a la viuda con estos, asegurándoles a sus apóstoles que esa pobre viuda había puesto más que todos, ya que "ésta en cambio ha echado de lo que necesita, todo lo que tenía para vivir" (21:4), mientras que los otros habían puesto lo que les sobraba.

Vigilancia y oración (21:34-38)

Jesús dijo: "Cuiden que no se emboten sus corazones [...] las preocupaciones de la vida [...] Estén en vela, pues, orando en todo tiempo" (21:34-36). Estas palabras estaban dirigidas a la comunidad a quien Lucas dirigía su Evangelio y están dirigidas a nosotros hoy. Son una invitación a no caer en la inactividad y a no dejarnos envolver por el desaliento cuando las cosas van mal o no salen como nos gustaría.

Lucas nos dice que Jesús de día enseñaba en el Templo y que en la noche salía de la ciudad amurallada de Jerusalén y se quedaba en el Monte de los Olivos, confirmando lo que habíamos leído con anterioridad en el Evangelio de Lucas, cuando Jesús dijo: "Las zorras tienen madrigueras, las aves del cielo nidos, pero el Hijo del Hombre no tiene dónde recostar la cabeza" (9:58).

Jesús ante Pilatos y Herodes (23:1-12)

Al ser apresado, Jesús fue llevado ante el Consejo de Ancianos del pueblo. Los sumos sacerdotes, los escribas y los personajes principales del pueblo judío tenían la determinación de acabar con Él, pero no tenían la autoridad para matarlo, ya que solamente las autoridades romanas que gobernaban sobre el territorio podían hacerlo. Por tanto, lo llevaron ante Pilato quien era el encargado de la provincia romana donde se encontraba Judea.

Le acusaron de incitar a la rebelión, oponiéndose a pagar tributo al césar, (lo cual era falso) y de declararse Mesías rey. Pilato le preguntó sobre la última acusación: "¿Eres tú el rey de los judíos?" (23:3). Jesús no negó el título, simplemente contestó: "Sí, tú lo dices" (23:3). Jesús y Pilato entendían el título de manera diferente, Jesús se refería a un reino espiritual y Pilato a un reino político. Al no encontrar Pilato culpa en Él, los líderes religiosos volvieron al ataque, en esta ocasión acusándolo de alborotar al pueblo desde Galilea hasta Jerusalén. Ante la mención del nombre de Galilea, Pilato vio su oportunidad para librase de este juicio y mandó que lo llevaran a Herodes, que era el tetrarca de Galilea (encargado del gobierno de esa región) y que se encontraba en Jerusalén durante la época de la fiesta de la Pascua.

Herodes se alegró de ello, pues desde hacía tiempo quería ver a Jesús para poder presenciar un milagro. ¡Como si Jesús fuera un mago! Pero Jesús permaneció callado todo el tiempo. Los líderes religiosos continuaron acusándolo ante Herodes, quien junto con sus soldados se burló de Él. Los soldados lo golpearon y le pusieron un manto espléndido sobre los hombros. Después, Herodes lo envió de vuelta a Pilato. Irónicamente, Herodes y Pilato, que habían sido enemigos hasta ese momento, se convirtieron en amigos.

De camino a la cruz (23:26-32)

A lo largo del Evangelio de Lucas, hemos visto cuán importante es que los discípulos estén totalmente dispuestos a seguir a Jesús. Debían estar dispuestos a pasar por lo que Él iba a pasar. Ya lo vimos en el capítulo 9, cuando un hombre le dijo que lo seguiría, pero que primero tenía que ir a despedirse de su familia. La respuesta de Jesús nos deja ver cómo seguirle es algo serio: "Nadie que pone la mano en el arado y mira hacia atrás es apto para el Reino de Dios" (9:62). En su camino hacia la crucifixión, Lucas nos dice que hubo un hombre llamado Simón de Cirene que iba pasando por ahí, a quien obligaron a ayudarle a llevar la cruz. Algunos estudiosos afirman que, en realidad, los soldados tenían miedo de que Jesús muriese antes de llegar al Calvario y no pudieran crucificarlo. La muerte de Jesús en la cruz tenía que servir de escarmiento para los demás.

Lucas también narra cómo seguía a Jesús una gran multitud del pueblo y de mujeres. Veamos cómo Lucas hace hincapié en que había mujeres siguiéndole. Recordemos cómo en la introducción decíamos que una de las características del Evangelio de Lucas era resaltar el papel de las mujeres como seguidoras de Jesús, ya que su Evangelio iba dirigido a una comunidad no judía, donde las mujeres tenían una participación más activa. A estas les dijo que no llorasen por Él, sino más bien por ellas y por sus hijos, ya que llegarían días de destrucción, en que las cosas se pondrían tan mal, que preferirían haber sido estériles. Jesús se refería a la destrucción de Jerusalén en el año 70 a manos de los romanos. Cabe notar que, aun con la cruz a cuestas, el Señor sigue teniendo compasión de los que sufren.

Los dos ladrones (23:39-43)

Solo Lucas nos narra el bellísimo diálogo de salvación que tuvo lugar sobre la cruz entre el Señor y dos ladrones que habían sido crucificados a sus lados. Uno de ellos lo ridiculizaba y lo desafiaba a que se salvase a sí mismo sí es que realmente era el Mesías. El otro, reconociendo que había actuado mal, que se merecía el castigo, le da una reprimenda: "¿Es que no temes a Dios [...]? Nosotros con razón, porque nos lo hemos merecido con nuestros hechos; en cambio éste nada malo ha hecho" (23: 40-41)

Jesús acogió al ladrón arrepentido, prometiéndole que ese mismo día estaría con Él en el paraíso.

Preguntas de reflexión y repaso

1. ¿Qué significa en nuestras vidas diarias el que, de acuerdo con las palabras de Jesús: "No somos más que unos pobres siervos; sólo hemos hecho lo que teníamos que hacer" (17:10)?
2. ¿A cuál de los leprosos que fueron curados por Jesús me parezco?
3. ¿Qué nos enseña la parábola de la viuda insistente?
4. ¿He sido víctima de alguna injusticia? ¿Logré ver a Dios en medio de la agitación y del dolor que me causaban las injusticias?
5. ¿Por qué la oración del recaudador de impuestos fue más aceptable para Dios que la oración del fariseo?
6. ¿Qué aprendí de la historia de Zaqueo?
7. ¿Qué nos enseña la pobre viuda que dio lo que tenía para vivir al tesoro del Templo?
8. ¿Qué diferencias y semejanzas hay entre la actuación de Pilato y la de Herodes?
9. ¿Qué acontecimientos importantes sucedieron mientras Jesús cargaba con su cruz camino de El calvario?
10. ¿Qué opino de la frase "como se vive se muere"?

Oración final *(ver página 15)*

Hacer la oración final ahora o después de la *Lectio divina*.

Lectio divina (ver página 8)

Relaja tu cuerpo y mantén una postura de oración (espalda recta, ojos cerrados, pies en el piso). Puedes tomar todo el tiempo que quieras para hacer este ejercicio, pero se considera que para los fines de este estudio bíblico, de 10 a 20 minutos es suficiente.

Las meditaciones que se proporcionan a continuación tienen como finalidad simplemente ayudar a los participantes del grupo a utilizar esta forma de oración, pero ten en cuenta que la finalidad de la *Lectio divina* es llevar a la persona a la contemplación orante, donde la Palabra de Dios hable al corazón (para mayor información, ve la página 8).

El deber de los discípulos (17: 7-10)

Pasa de 8 a 10 minutos en contemplación silenciosa del pasaje:

Teniendo siempre en mente la enseñanza de Jesús de que somos simples siervos, y que cuando hacemos bien las cosas, solamente estamos haciendo lo que deberíamos de hacer, viviremos como verdaderos siervos suyos, tratando de servirle sin esperar recompensa. Pero a la vez, estamos agradecidos de que tenemos un Dios amoroso que nos va a recompensar a su tiempo..., el tiempo de Dios. El profeta Habacuc nos dice: "si se atrasa, espérala, pues vendrá ciertamente, sin retraso" (Hab 2:3).

✠ *¿Qué puedo aprender de este pasaje?*

La curación de diez leprosos (17:11-19)

Pasa de 8 a 10 minutos en contemplación silenciosa del pasaje:

El dolor une, el sufrimiento hermana y esto fue lo que sucedió entre los leprosos judíos y el samaritano. Ante la desgracia, desaparecieron los prejuicios y se reunieron para sobrevivir. Qué curioso que en los tiempos de bonanza actuemos egoístamente y en tiempos de desgracia solidariamente, cuando estamos llamados a amarnos los unos a los otros siempre. ¿Qué hay dentro de nosotros que no nos deja ser hombres o mujeres para los demás?

✠ *¿Qué puedo aprender de este pasaje?*

Parábola de la viuda y del juez injusto (18:2-8)

Pasa de 8 a 10 minutos en contemplación silenciosa del pasaje:

Sí, el juez injusto al final le hizo justicia a la viuda. Dios, que es el siempre justo, hará justicia más acertadamente. ¿Pero qué es la justicia? La justicia a nivel humano, es la voluntad permanente de dar a cada uno lo que le corresponde. La justicia de Dios, en cambio, es diferente: Dios da a cada uno de acuerdo con sus necesidades.

✠ *¿Qué puedo aprender de este pasaje?*

Parábola del fariseo y del recaudador de impuestos (18:9-14)

Pasa de 8 a 10 minutos en contemplación silenciosa del pasaje:

Cuando hacemos algo bueno, debemos darnos cuenta de que es Dios quien nos dio las capacidades, las aptitudes y la oportunidad de realizar esa obra buena. Por tanto, lo menos que podemos hacer es estar siempre conscientes de que todo lo bueno que hacemos, lo hacemos para el servicio de Dios y del prójimo, y siempre con la ayuda de Dios. "Porque todo el que se ensalza será humillado; y el que se humilla será ensalzado" (18:14).

✠ *¿Qué puedo aprender de este pasaje?*

Conversión de Zaqueo (19:1-10)

Pasa de 8 a 10 minutos en contemplación silenciosa del pasaje:

Mucho podemos aprender de Zaqueo: primero, su deseo de encontrarse con Jesús ya que, aun siendo un personaje conocido en la ciudad, corrió y se subió a un árbol para poder verlo, es decir, puso todo lo que estaba de su parte para poder estar cerca del Maestro; segundo, llama la atención su obediencia a la petición de Jesús de hospedarse en su casa, pues inmediatamente abrió sus puertas; tercero, su generosidad al dar la mitad de sus bienes a los pobres; y, cuarto, su deseo de reparar el mal hecho al devolver cuatro veces más de lo que había tomado. En resumidas cuentas, Zaqueo nos enseña a poner todo lo que está de nuestra parte para buscar a Jesús, abrirle nuestra casa (alma), ser generosos con quien lo necesita y a reparar el mal hecho.

✠ *¿Qué puedo aprender de este pasaje?*

La ofrenda de la viuda (21:1-4)

Pasa de 8 a 10 minutos en contemplación silenciosa del pasaje:

Ante el advenimiento del Reino de los cielos con la llegada de Jesús, las cosas cambiaron. La grandeza y el poder ya no será lo más importante, sino el desprendimiento y la certeza de que entregándolo todo por el Reino nadie quedará desamparado. A los ojos de Jesús, la pobre viuda había hecho la mayor limosna: había dado lo que tenía para su sustento. Es curioso que aprendamos una de las grandes lecciones de la vida gracias a uno de los seres más desprotegidos de la sociedad judía. La viuda nos enseña: totalidad, generosidad, olvido de uno mismo y confianza en la providencia de Dios.

✠ *¿Qué puedo aprender de este pasaje?*

Vigilancia y oración (21:34-38)

Pasa de 8 a 10 minutos en contemplación silenciosa del pasaje:

Todos, en algún momento de nuestra vida, nos hemos encontrado con que Dios no ha respondido a nuestras oraciones, aun cuando estas eran buenas y nuestras peticiones razonables. No estábamos pidiendo el mal para nadie, incluso no estábamos pidiendo ganarnos la lotería, simplemente estábamos pidiéndole ayuda ante una enfermedad, una separación o un examen. No parecía haber ninguna razón para que el buen Dios no nos concediera lo que le habíamos pedido. Entonces, ¿cómo conciliar la invitación de Jesús "estén... orando en todo momento" (21:36), con su silencio? No hay respuesta sencilla; sin embargo, debemos tener siempre presente que Dios siempre responde y a veces, cuando dice "no", es como el papá o la mamá que niegan a sus hijos algo que estos últimos no entienden. Abandonémonos en sus manos, pues Él sabe muy bien lo que nos conviene. "Estén... orando en todo momento" (21:36), nos sigue diciendo Jesús.

✠ *¿Qué puedo aprender de este pasaje?*

De camino a la cruz (23:26-32)

Pasa de 8 a 10 minutos en contemplación silenciosa del pasaje:

El que Simón de Cirene haya cargado con la cruz de Jesús por un tramo del camino, significa simbólicamente que aquel que carga la cruz es discípulo de Jesús. Aunque cueste cargar la cruz, aunque pese, aunque estorbe, aunque no nos deje continuar con nuestros planes o nuestra vida "color de rosa", repitamos siempre la jaculatoria: "Salve, oh cruz, esperanza única."

✠ *¿Qué puedo aprender de este pasaje?*

Los dos ladrones (23:39-43)

Pasa de 8 a 10 minutos en contemplación silenciosa del pasaje:

Al malhechor arrepentido, se le conoce comúnmente como el "buen ladrón". También se le conoce como al "ladrón que se robó el cielo", ya que logró ser admitido por Jesús en el último momento. Ciertamente, se puede dar un arrepentimiento en los últimos instantes de la vida, pero buscar eso no parece ser lo más honesto. De hecho existe un refrán que dice: "Se muere como se vive", es decir, si se tuvo una vida mala, lo más probable es que a la hora de la muerte no haya arrepentimiento. En cambio, si se ha tratado de vivir una vida cerca de Dios, es mucho más probable que Dios esté presente en nuestras mentes y corazones hasta el último suspiro. Pidámosle a Dios la gracia de amarle con todo nuestro corazón hasta el último momento de nuestras vidas.

✠ *¿Qué puedo aprender de este pasaje?*

PARTE 2: ESTUDIO INDIVIDUAL (LUCAS 24)

Día 1: Resurrección de Jesús (24:1-12)

Lucas nos presenta la narración más extensa de todos los Evangelios sinópticos de la resurrección de Jesús. En su Evangelio, Lucas nos enseña que el Mesías tenía que pasar por la pasión y la muerte para poder entrar en su gloria. Es a través del triunfo sobre la muerte que Dios nos ofrece la salvación total, entera, completa.

En el Evangelio de Lucas, tres mujeres, María Magdalena, Juana y María la madre de Santiago fueron al sepulcro para completar los ritos propios de una sepultura. Cuando llegaron a la tumba, encontraron que la piedra había sido rodada. Al entrar no vieron el cuerpo de Jesús, pero vieron a dos hombres con vestidos brillantes, una manera de decir que eran seres enviados por Dios. Los ángeles les recordaron cómo Jesús había dicho que era necesario que "sea entregado en manos de los pecadores y sea crucificado, pero al tercer día resucitará" (24:7). No debían buscar entre los muertos al que estaba vivo. Se acordaron de las palabras de Jesús y llevaron el mensaje a los Once y a todos los demás.

Estos no les creyeron, pensaban que estaban fantaseando. Pedro, en cambio, se levantó y fue corriendo al sepulcro. Su reacción demuestra cómo la resurrección de Jesús fue algo inesperado para los Apóstoles, quienes a pesar de las predicciones del Maestro, nada más no entendían. Lucas nos cuenta cómo fueron las mujeres y Pedro quienes dieron testimonio de la tumba vacía.

Lectio divina

Dedica entre 8 y 10 minutos a la contemplación del siguiente pasaje:

Con la afirmación de que no había que buscar entre los muertos al que estaba vivo, la fe de las mujeres empezó a tomar otro sentido. Ya no seguirían a Jesús por los caminos de Galilea y Judea, sino que ahora les tocaría llevar el mensaje de su resurrección a los demás. La tumba vacía nos enseña que la misión de Cristo no terminó con su muerte.

✠ *¿Qué puedo aprender de este pasaje?*

Día 2: Por el camino de Emaús (24:13-35)

Podemos iniciar diciendo dos cosas sobre este pasaje. Primero, que solo Lucas nos lo narra y, segundo, que es una joya de su Evangelio ya que proporciona detalles vívidos acerca de cómo dos hombres desesperanzados ante la muerte de Jesús, recobran la esperanza al entrar en contacto con Él. Al final de su experiencia pudieron exclamar: "¿No sentíamos arder nuestros corazones mientras nos hablaba por el camino y nos explicaba la Escritura?" (24:32).

Pero, vayámonos al inicio de la historia. Dos hombres regresaban cabizbajos de Jerusalén a su pueblo, cuando un tercero se les une en el camino. Se lamentaban de que Jesús de Nazaret, profeta poderoso en obras y palabras, hubiera sido entregado por los sumos sacerdotes, condenado a muerte y crucificado. Decían: "¡Nosotros esperábamos que sería él el que iba a librar a Israel!" (24:21) y tres días habían pasado después de su muerte. Aunque las mujeres habían dado a conocer el mensaje de que estaba vivo, descalificaron su mensaje considerándolo como "desconcertante".

Y es así como por el camino de Emaús, Jesús, "empezando por Moisés y continuando por todos los profetas, les explicó lo que había sobre él en todas las Escrituras" (21:27). Cuando llegan a Emaús, los dos discípulos instan a Jesús a quedarse con ellos, ya que se hacía tarde. Lucas describe la comida como una comida eucarística en la que Jesús toma el pan, lo bendice, lo parte y se lo da: "Entonces se les abrieron los ojos y le reconocieron" (24:31). Fue entonces cuando todo les cuadró, recordaron cómo ardían sus corazones cuando Jesús les mostraba el significado profundo de las Escrituras.

Su reacción fue inmediata: regresaron a Jerusalén, a pesar de que la noche había caído. A su llegada, se encontraron con los Once y otros discípulos más, a quienes les dijeron: "¡Es verdad! ¡El Señor ha resucitado y se ha aparecido a

Simón!" (24:34). Ellos a su vez contaron cómo habían reconocido a Jesús en "la fracción del pan", expresión utilizada en la Iglesia primitiva para la Celebración Eucarística.

Lectio divina

Dedica entre 8 y 10 minutos a la contemplación silenciosa del pasaje:

La muy conocida canción titulada "Por el camino de Emaús" en la que se nos narra este pasaje, es entonada en infinidad de parroquias. Su mensaje: Jesús sigue viviendo con nosotros en la Eucaristía, sus discípulos pueden reconocerlo en la Fracción del Pan.

✠ *¿Qué puedo aprender de este pasaje?*

Día 3: Aparición a los discípulos en el Cenáculo (24:44-49)

Jesús se apareció a los discípulos dispensándoles el tradicional saludo judío de la "paz", invitándoles a ver las heridas en sus manos y pies, quedando así demostrado que era el mismo Jesús el que había sido crucificado y el que había resucitado. Además, para comprobarles que era el mismo Jesús que ellos habían conocido, que no era un espíritu, sino que su cuerpo estaba compuesto de carne, comió en su presencia.

Jesús les recordó sus enseñanzas sobre cómo era necesario que se cumpliera todo lo que estaba escrito en la ley de Moisés, en los Salmos y en los Profetas sobre Él (24:44). Fue entonces cuando se les abrió el entendimiento. Es hasta después de la Resurrección que los discípulos son capaces de entender el significado de las Escrituras.

Aquí se presentan las últimas palabras pronunciadas por Jesús antes de ascender a los cielos. Los discípulos serán sus testigos, comenzando por Jerusalén y llegando a todo el mundo. Jesús, aludiendo al envío del Espíritu, les dice que les enviará al que el Padre ha prometido. Mientras tanto ellos deberán permanecer en Jerusalén hasta que sean revestidos del poder de Dios.

Lectio divina

Dedica entre 8 y 10 minutos a la contemplación silenciosa del pasaje:

El saludo de la paz es un gesto familiar para los católicos durante la Celebración Eucarística, ya sea dominical o entre semana. Pero, ¿realmente estoy dando la paz o es un simple gesto durante el rito de la Misa? Doy la mano, pero, ¿estoy dando mi corazón? Por otro lado, la paz no debe quedar encerrada en la Celebración Eucarística, la paz debemos llevarla a cada lugar que vamos, tal y como lo hizo Jesús.

✠ *¿Qué puedo aprender de este pasaje?*

Día 4: La Ascensión (24:50-53)

Jesús condujo a los discípulos a Betania, población que se encontraba cerca de Jerusalén. Los bendijo al tiempo que se separaba de ellos y era llevado al cielo. Los discípulos que habían ya logrado comprender su divinidad, le rindieron homenaje, postrándose ante Él. Regresan con alegría a Jerusalén y al Templo, donde pasan el tiempo bendiciendo a Dios.

El Evangelio ha dado un giro completo. Lo que comenzó con la aparición del ángel a Zacarías en el Templo, termina con los discípulos de Jesús predicando en el Templo. Lucas nos deja en los umbrales de los Hechos de los Apóstoles, los cuales explicarán cómo el mensaje de Jesús fue llevado de Jerusalén a todas las naciones.

Lectio divina

Dedica entre 8 y 10 minutos a la contemplación silenciosa del pasaje:

Con la ascensión de Jesús se realizó la salvación de la humanidad. Con su Ascensión se inició una nueva era, la época de la misión de los cristianos. Esos somos nosotros, los que hacemos presentes a Jesús en el mundo, con nuestras palabras y nuestros gestos de amor.

✠ *¿Qué puedo aprender de este pasaje?*

Preguntas de reflexión y repaso

1. ¿Qué nos enseña la tumba vacía?
2. ¿Qué tiene de especial e importante la aparición de Jesús en el camino de Emaús?
3. ¿Por qué es importante que los discípulos hayan tocado a Jesús y hayan comido con Él después de la Resurrección?
4. ¿En qué forma afecta a nuestras vidas la resurrección de Jesús?

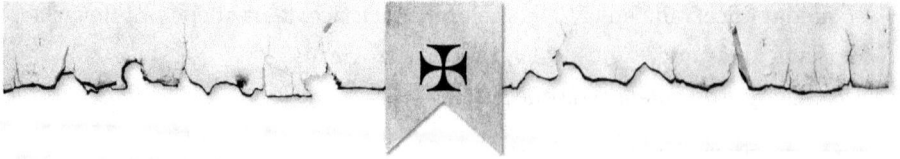

El Evangelio de Juan

El autor del Evangelio de Juan

Este autor escribió para una comunidad que ya conocía a Jesús. Su objetivo es ayudarle a profundizar en el mensaje de Cristo y animarla a aferrarse a su fe. El autor amaba a Jesús y quería compartir ese amor con aquellos que leyesen su Evangelio en el futuro, ya que a través de la lectura de la Sagrada Escritura, adquirimos una visión más profunda del amor de Dios hacia nosotros.

La comunidad de Juan

Poco después de la resurrección de Jesús, surgieron pequeñas comunidades dentro del Cristianismo y es probable que la mayoría estuvieran bajo la guía de los seguidores de Cristo que fueron testigos oculares de su ministerio. La comunidad de Juan, también llamada "comunidad joánica", comenzó como una comunidad de seguidores de Jesús de origen judío, en o cerca de Palestina, de la cual el apóstol Juan pudo haber sido miembro. Además, algunos de los seguidores de Juan el Bautista pertenecían a este grupo. Fueron muchos los que en ella aprendieron sobre el Cristianismo escuchando a los primeros discípulos de Jesús, algunos de los cuales, inclusive fueron sus compañeros y testigos de su ministerio. La comunidad joánica creía que en Jesús el judaísmo llegaba a su plenitud y que podían seguir viviendo como fieles judíos que creían en Cristo. Se cree que el "discípulo amado" al que hace referencia este Evangelio formó parte de esta comunidad.

Después de la resurrección de Jesús, los discípulos siguieron viviendo su fe judía, con la creencia de que Jesús era el Mesías, el Hijo de Dios. Sin embargo, unas cuantas décadas después de la resurrección de Jesús, los líderes de las sinagogas se dieron cuenta de que muchos judíos se estaban convirtiendo a la fe cristiana. Se enojaron con los judíos-cristianos y los expulsaron de las sinagogas. Con esto se hacía más evidente que los que aceptaban a Jesús como Mesías, eran diferentes de aquellos que no creían que Jesús fuera el Cristo. En el año 70, cuando el Templo fue destruido, las sinagogas se convirtieron en el lugar de culto. Los judíos-cristianos se vieron rechazados por los líderes religiosos y por aquellos que no aceptaban a Jesús como el Mesías. Esto hizo que en muchos lugares fueran relegados e incluso perseguidos. Esto los llevó a establecer sus propias comunidades.

Fue en medio de esa persecución que el evangelista recogió las tradiciones de la comunidad y las interpretó, proporcionando las bases para su existencia fuera de la sinagoga y de la comunidad judía. Así fue como los miembros comenzaron a considerarse un cuerpo independiente del judaísmo. También hubo otros seguidores de Jesús que no provenían del judaísmo, que se identificaron con la comunidad joánica, así como los gentiles de fuera de Palestina.

Fecha y lugar de composición

La mayoría de los estudiosos sitúan la redacción de este Evangelio a finales del siglo I, entre los años 90 y 100. El autor tenía conocimiento del Evangelio de Marcos y, tal vez, del Evangelio de Lucas y demuestra familiaridad con la destrucción de Jerusalén. El principal problema que aborda es la expulsión de los cristianos de las sinagogas por parte de los líderes judíos.

La imagen de Cristo en el Evangelio de Juan

Juan presenta una imagen de Jesús como el Cristo desde el inicio del Evangelio, el cual comienza con la preexistencia de Jesús y hace hincapié en todo momento en su divinidad. En contraste con el Evangelio de Marcos, el más antiguo de los Evangelios que comienza con el bautismo de Jesús por parte de Juan el Bautista, y con los Evangelios de Mateo y Lucas, escritos entre quince y veinte años después del de Marcos, y que comienzan antes del nacimiento de Jesús, el Evangelio de Juan, el último en escribirse, inicia con la preexistencia de Jesús: "En el principio* existía la Palabra y la Palabra estaba junto a Dios, y la Palabra era Dios". (1:1).

Juan presenta a Jesús como el Hijo divino de Dios que viene de Dios, entra a nuestra tierra y asciende de nuevo a Dios, una vez cumplida su misión. Juan lo llama la "Palabra" que existía con el Padre desde toda la eternidad y por quien y con quien el Padre creó el mundo. En su persona, Jesús revela a Dios a aquellos que al verlo creyeron. Y aunque la "Palabra" se hizo carne, conservó todos los poderes de su divinidad como Hijo de Dios.

Características del Evangelio de Juan

Juan cree que los signos y prodigios realizados por Jesús llevaban a las personas a creer en Él, es decir, a la fe, y que los milagros de Jesús apuntaban más allá de sí mismos, aportando claridad a su mensaje. Este Evangelio contiene siete signos o milagros.

Además, en este Evangelio, el autor utiliza el contraste de ideas. Leemos sobre la luz y la oscuridad, la vida y la muerte, el cielo y la tierra, Dios y Satanás, el espíritu y la carne, y así sucesivamente. Muestra el contraste entre los criterios del mundo y los de Dios.

El Evangelio de Juan enfatiza el papel del Espíritu Santo, quien es el Defensor, el Consolador, el Abogado, enviado por Dios después de la muerte y resurrección de Jesús, como un regalo especial del Padre y el Hijo para que nos conduzca a ellos.

Además presenta a Jesús afirmando: "yo soy," frase utilizada en el Antiguo Testamento para nombrar a Dios.

Esquema del Evangelio de Juan

El Evangelio de Juan se divide básicamente en dos secciones: el Libro de los Signos (1:19-12:50) y el Libro de la Gloria (13:1-20:31). Antes del Libro de los Signos hay un prólogo (1:1-1:18). Después del Libro de la Gloria, se añade un capítulo final (21:1-25).

"La Palabra se hizo carne"— Jesús da el agua viva— Jesús es el pan de vida

JUAN 1-8

Al principio existía la Palabra y la Palabra estaba junto a Dios, y la Palabra era Dios [...] La Palabra se hizo carne y habitó entre nosotros (1:1.14).

Oración inicial *(ver página 15)*

Contexto

Parte 1: Juan 1-6: Juan inicia su Evangelio presentando a Jesús como el hijo divino de Dios enviado al mundo por Dios Padre. El hijo de Dios al hacerse hombre toma el nombre de Jesús, hace milagros, enseña, sufre, muere y resucita. En este Evangelio, más que en ningún otro, se enfatiza la divinidad de Jesús. Además de que Jesús habla sobre sí mismo diciendo que es uno con el Padre.

Parte 2: Juan 7-8: Jesús fue de manera secreta a Jerusalén donde dejó a todos maravillados con su conocimiento de la Escritura, declarando que había sido enviado por el Padre. Muchos empezaron a creer en Él como el Mesías. Habló sobre el agua viva y trató misericordiosamente a una mujer que había sido sorprendida en adulterio.

Parte 1: Estudio en grupo (Juan 1-6)

Leer en voz alta Juan 1-6

Prólogo al Evangelio de Juan, la Palabra de Dios (1:1-5)

El Evangelio de Juan inicia con una gran afirmación: "el Verbo" o "la Palabra" existe desde siempre, está junto a Dios y es Dios. Toda la Creación viene de Él, en Él está la vida, es la luz de los hombres que brilla en la oscuridad. Cuántas cosas grandiosas se nos dicen sobre Jesucristo.

Este breve prologo o introducción nos deja claro que Jesucristo, es ni más ni menos que Dios hecho hombre (encarnado), quien existe desde siempre y es el Creador que ilumina la vida de los hombres. Él es fuente de vida.

Juan Bautista anuncia la llegada de Jesús (1:6-14)

Juan nos presenta a Juan el Bautista, quien no era la luz, pero era testigo de la luz. Ese fue su papel, presentar a Jesús "luz verdadera que ilumina a todo hombre" (1:9). Era indispensable que esta afirmación quedara clara, ya que en la naciente Iglesia había algunos seguidores de Juan que pensaban que el verdadero mesías era Juan, ya que Jesús había acudido a él para ser bautizado. Así es como Juan declara con claridad que él no era la luz, sino que había sido enviado para dar testimonio de esta. La verdadera luz era Jesucristo que había venido al mundo a luminar a todo hombre.

Sigue este pasaje con un hermosísimo himno donde se nos habla de la acogida que se dio a Jesús, "luz verdadera que ilumina a todo hombre" (1:9). Unos no la aceptaron, pero otros sí. Y a estos, "a todos los que la recibieron les dio poder de hacerse hijos de Dios, a los que creen en su nombre" (1:12).

Las bodas de Caná (2:1-12)

La actividad de Jesús en Galilea inicia con el pasaje de las bodas de Caná, a la que asiste con sus discípulos. Curiosamente, en este pasaje los personajes principales no son los nuevos esposos, sino Jesús y su Madre. Fue esta quien se dio cuenta de que el vino se había acabado e intervino a favor de los novios. Jesús, quien inicialmente se rehusó a realizar el milagro, terminó haciéndolo a instancias de su madre, quien dijo a los que servían: "Hagan lo que él les diga" (2:5).

En la época de Jesús, y en su tierra, una boda podía durar varios días. Por lo tanto, quedarse sin vino antes de que terminara la celebración haría pasar una terrible vergüenza a los novios. Por ello la madre de Jesús intervino. El autor nos dice claramente que Jesús hizo el milagro porque María se lo pidió. La respuesta de Jesús puede parecer dura: "¿Qué tengo yo contigo, mujer? Aún no ha llegado mi hora" (2:4). La "hora" significa el inicio de la vida pública de Jesús, una vida que culminará con su pasión, muerte, resurrección y ascensión. Así podemos ver que tanto Jesús como su madre tenían pleno conocimiento de su divinidad.

La servidumbre llenó las tinajas que se usaban para el ritual de lavado antes de la comida, y las llenaron hasta el borde. Cada una de esas vasijas tenía capacidad para unos cien litros de agua. Esa transformación del agua en vino era un símbolo de la Nueva Alianza: Dios había guardado el vino bueno hasta el final, hasta la venida de Jesús.

Nicodemo (3:1-21)

Una noche se presentó ante Jesús un hombre llamado Nicodemo, que pertenecía al grupo de los fariseos, aquellos que interpretaban las Escrituras. Nicodemo aceptó que Jesús venía de Dios para enseñar "porque nadie puede realizar los signos que tú realizas si Dios no está con él" (3:2). Ante ello, Jesús declaró enfáticamente que era necesario nacer de nuevo para ver el Reino de Dios. Jesús aclaró que no se trataba de un nacimiento biológico, sino de un nacimiento en el Espíritu, quien sería el generador de ese nuevo nacimiento en la fe.

Jesús, cuestionando a Nicodemo, le dijo: "Si al decirles cosas de la tierra, no creen, ¿cómo van a creer si les digo cosas del cielo?" (3:12). Solo Jesús podía decir eso, pues había estado en el cielo. Mencionando a la serpiente que Moisés levantó en el desierto, hizo alusión a su propia muerte en la cruz, en la que Él, Jesús, el Hijo del Hombre, seria levantado "para que todo el que crea tenga en él la vida eterna" (3:15).

Este pasaje es muy rico desde el punto de vista doctrinal. Sus principales enseñanzas son: "porque tanto amó Dios al mundo que dio a su Hijo unigénito, para que todo el que crea en él no perezca, sino que tenga vida eterna." (3:16); "porque Dios no ha enviado a su Hijo al mundo para juzgar al mundo, sino para que el mundo se salve por él." (3:17) y: "pero el que obra la verdad, va a la luz, para que quede de manifiesto que sus obras están hechas según Dios" (3:21). Jesús nos viene a recordar que el Padre es ante todo un Dios de amor y no un Dios justiciero.

El que viene del cielo (3:31-36)

En este pasaje Juan deja claro a su comunidad la superioridad de Jesús, de quien dice está muy por encima de cualquier otro profeta, patriarca o persona. Para eso utiliza una técnica muy suya: hacer contrastes para resaltar más lo que desea transmitir. En este pasaje afirma que el que viene de arriba, Jesús, está por encima de todos; en cambio, quien viene de la tierra, habla de cosas de la tierra. Después sigue haciendo hincapié en la grandeza de Jesús, al decir que fue enviado por Dios, para hablar de cosas divinas, ya que Dios le dio el Espíritu sin medida y ha puesto todo en sus manos.

El pasaje concluye con una frase que dice mucho: "El que cree en el Hijo tiene vida eterna" (3:36), ya que el Hijo tiene la vida y quien cree en Él, participa de esa misma vida, que es eterna.

La mujer samaritana (4:1-42)

Este pasaje inicia diciéndonos cómo Jesús tuvo que dejar Judea por causa de la hostilidad de los fariseos. Estos se molestaron porque los discípulos de Jesús bautizaban a más personas que los de Juan. Este mensaje era importante para la comunidad a la que Juan dirigía su Evangelio, pues esta se encontraba enfrentando a los fariseos que estaban molestos por el crecimiento de los cristianos. La comunidad así comprendería que esa hostilidad la había experimentado también el mismo Jesús. Si a Él lo habían tratado así, no era de sorprender que a sus seguidores los trataran de la misma manera.

En el camino hacia Galilea, Jesús y sus discípulos pasaron por la región de Samaría. Los judíos, pueblo del que procedía Jesús, y los samaritanos no se llevaban bien. La enemistad venía desde el tiempo en que el Imperio Asirio conquistó una porción de tierra donde vivían judíos (Reino del Norte) llevándoselos deportados. A esta habían llegado algunas tribus no-judías a establecerse, las cuales se habían mezclado con los judíos que se habían quedado ahí. De ahí surgió una religiosidad mixta que no era bien vista por los judíos.

Al pasar por esa tierra, Jesús se detuvo en el pozo que Jacob. Allí se encontró con una mujer a la que pidió que le diese agua. Ella respondió: "¿Cómo tú, siendo judío, me pides de beber a mí, que soy una mujer samaritana?" (4:9). A lo que Jesús respondió con una frase que anunciaba una extraordinaria verdad: "Si conocieras el don de Dios, y quién es el que te dice: Dame de beber, tú le habrías pedido a él, y él te habría dado agua viva" (4:10). Sigue un bellísimo diálogo sobre el agua viva, la cual se convierte, en quien la recibe, en manantial que brota hasta la vida eterna.

El pasaje es largo y está lleno de sorprendentes revelaciones doctrinales. La mujer buscaba que Jesús le hiciese la vida más fácil: "dame de esa agua, para que no tenga [...] que venir aquí a sacarla" (4:15); pero Jesús buscaba su conversión: "yo soy [el Mesías] el que está hablando contigo" (4:26). Al tiempo que la mujer se reconocía como pecadora y admitía que Jesús era un profeta, Jesús le participaba que llegaría la hora en que se daría culto al Padre en espíritu y verdad, y ya no solamente en el Templo de Jerusalén como lo hacían los judíos.

La mujer corrió al pueblo a avisar a los suyos que había conocido al Mesías, animándoles a que fueran a verlo. Jesús se quedó entre ellos dos días y muchos más creyeron en Él a causa de sus palabras. Llegaron a decir que creían que Jesús era "verdaderamente el Salvador del mundo" (4:42).

Autoridad de Jesús (5:16-30)

Trabajar en sábado estaba prohibido por la ley de Moisés; sin embargo, Jesús siguiendo el ejemplo de su Padre trabajaba siempre haciendo el bien. Esa actitud hacía que los judíos lo quisieran matar, pues veían en Jesús a alguien que desafiaba la ley. La realidad es que Jesús se dedicaba a curar, a hacer el bien a las personas, mientras que estos, los fariseos, se quedaban en el cumplimiento de la ley costara lo que costara.

Juan nos presenta a Jesús tomado la palabra para enseñar a la gente quién era Él y cómo su lugar estaba junto a Dios. Como el Padre lo ama, este le muestra todo lo que hace. Jesús les dice que hará obras más grandes todavía, haciendo alusión a las señales y prodigios que Jesús iba a realizar. Además, el Padre y el Hijo están tan unidos entre sí, que el honor que se da al Hijo se da al Padre, y las ofensas que se hacen al Hijo también las recibe el Padre. Jesús termina afirmando que Él no puede hacer nada por su cuenta, que juzga de manera justa y que no pretende hacer su voluntad "sino la voluntad del que lo ha enviado" (cf. 5:30).

Discurso del Pan de Vida y sus consecuencias (6:22-66)

Al haber dado Jesús de comer a cinco mil personas, la multitud le seguía de un lado al otro del lago. Sabiendo que le buscaban para que les volviera a dar de comer y no porque creyeran en Él, les dijo: "obren, no por el alimento perecedero, sino por el alimento que permanece para vida eterna, el que les dará el Hijo del hombre" (6:27), refiriéndose a la Eucaristía. Por esta razón, este pasaje es conocido como el "Discurso eucarístico".

La multitud le pregunta: "¿qué hemos de hacer para obrar las obras de Dios?" (6:28). Jesús les responde que deben tener fe en Él, ya que ha sido enviado por Dios. Siguieron cuestionándolo, pues querían saber qué señal haría para que creyeran en Él. Le pusieron el ejemplo de Moisés, que les dio maná en el desierto como prueba de que Dios estaba con él. (Ex 16:4 ss.). Jesús respondió que no fue Moisés quien les dio pan del cielo, sino que fue su Padre quien les dio el maná y que ahora Él les daría el verdadero pan del cielo, el pan de Dios que da la vida al mundo. Ante esto, le dijeron: "Señor, danos siempre de ese pan" (6:34).

Jesús afirmó que Él es el pan de vida que va a satisfacer plenamente el hambre y la sed de aquellos que verdaderamente creen en Él y que la voluntad de Dios es que no pierda a ninguno de los que le confió, que son aquellos que creen que Jesús es el Hijo de Dios. Ellos tendrán el don de la vida eterna y la resurrección en el último día.

Los judíos murmuraban: "¿No es éste Jesús, hijo de José, cuyo padre y madre conocemos? ¿Cómo puede decir ahora: He bajado del cielo?" (6:42). Jesús les pidió que dejasen de murmurar, asegurándoles que quien cree tiene vida eterna. Jesús siguió declarando que Él es el pan de la vida, el cual, a diferencia del maná que comieron sus padres en el desierto, les dará la vida eterna. Quienes comieron el maná, murieron; quien come el Pan de vida, no morirá: "el pan que yo le voy a dar, es mi carne por la vida del mundo" (6:51). El autor del Evangelio escribió estas líneas en un momento en que los miembros de la Iglesia primitiva reconocían que el pan y el vino se convertían en el Cuerpo y la Sangre de Jesús durante la liturgia eucarística.

Muchos de aquellos que lo seguían se dijeron: "Es duro este lenguaje. ¿Quién puede escucharlo?" (6:60). Ante lo cual Jesús les respondió que si eso los escandalizaba, qué sucedería cuando le vieran subir a donde estaba antes, con el Padre. Estas palabras crearon una brecha entre Jesús y algunos de sus discípulos quienes le abandonaron y ya no andaban con Él.

Preguntas de reflexión y repaso

1. ¿Quién es el Verbo que se hizo carne del cual nos habla el prólogo del Evangelio de Juan? Explica.
2. ¿Qué quería decir el autor al escribir: "la Palabra se hizo carne y puso su Morada entre nosotros" (1:14)?
3. ¿Cuál es el significado de las acciones de Jesús durante la boda de Caná?
4. En la conversación entre Jesús y Nicodemo, ¿cuál es el mensaje de Jesús?
5. ¿De dónde le viene la autoridad al Hijo del Hombre para dar testimonio de la acción de Dios en el mundo?
6. ¿Qué significado tiene el "agua viva" de la cual Jesús habla a la mujer samaritana?
7. ¿Por qué los vecinos de Samaría creyeron en Jesús?
8. Cuando Jesús afirmó que Él es uno con el Padre, ¿qué explicación dio? Da algunos ejemplos.
9. ¿Qué quería decir Jesús con: "El que come mi carne y bebe mi sangre, permanece en mí, y yo en él" (6:56)?

Oración final *(ver página 15)*

Hacer la oración final ahora o después de la *Lectio divina*.

Lectio divina *(ver página 8)*

Relaja tu cuerpo y mantén una postura de oración (espalda recta, ojos cerrados, pies en el piso). Puedes tomar todo el tiempo que quieras para hacer este ejercicio, pero se considera que para los fines de este estudio bíblico, de 10 a 20 minutos es suficiente.

Las meditaciones que se proporcionan a continuación tienen como finalidad simplemente ayudar a los participantes del grupo a utilizar esta forma de oración, pero ten en cuenta que la finalidad de la *Lectio divina* es llevar a la persona a la contemplación orante, donde la Palabra de Dios hable al corazón (para mayor información, ve la página 8).

Prólogo al Evangelio de Juan, la Palabra de Dios (1:1-5)

Pasa de 8 a 10 minutos en contemplación silenciosa del siguiente pasaje:

El Evangelio de Juan comienza con la noticia más sorprendente que haya habido en toda la historia de la humanidad: ¡Dios se hizo hombre! El Hijo de Dios, el Verbo que existía desde toda la eternidad, se encarnó y habitó entre nosotros. ¿Qué repercusión tiene en nosotros hombres y mujeres del siglo XXI? Muchísima, pues se nos dice que Dios, tomando forma humana, vino a vivir con nosotros y está tan cerca como los están las demás personas que nos rodean. Con este acontecimiento inicia una nueva forma de relacionarnos con Dios.

✠ *¿Qué puedo aprender de este pasaje?*

Juan Bautista anuncia la llegada de Jesús (1:6-14)

Pasa de 8 a 10 minutos en contemplación silenciosa del siguiente pasaje:

Al iniciar la Celebración Eucarística de la Vigilia Pascual, se apagan todas las luces de la Iglesia, se enciende un fuego nuevo con el que se prende el cirio pascual, el cual representa a Jesús. Se hace una procesión con el fuego hacia adentro de la iglesia dirigidos por el cantor, quien, cantando, pregona: "Luz de Cristo". La asamblea responde: "demos gracias a Dios". Jesús vino a proyectar una nueva luz sobre el mundo, pero los que viven sin esa luz no tienen ni idea de su necesidad. He aquí el papel tan importante de Juan el Bautista: llevar a los que vivían en la oscuridad a reconocer la llegada de la luz del mundo. He aquí el papel tan importante que tenemos los cristianos de hoy, quienes a imitación de Juan el Bautista, llevamos a los que viven en tinieblas a reconocer la llegada de Jesús, la luz del mundo.

✠ *¿Qué puedo aprender de este pasaje?*

Las bodas de Caná (2:1-12)

Pasa de 8 a 10 minutos en contemplación silenciosa del siguiente pasaje:

San Marcelino Champagnat, fundador de los Hermanos Maristas, adoptó el lema: "Todo a Jesús por María, todo a María para Jesús". Claramente podemos ver la validez de este lema en el pasaje de las bodas de Caná. María tomó el liderazgo y llevó a Jesús a ayudar a la joven pareja. Una vez más nos encontramos a María diciendo "sí". Sí a servir, sí a ver por los demás y sí a interceder por los hombres ante Jesús.

✠ *¿Qué puedo aprender de este pasaje?*

Nicodemo (3:1-21)

Pasa de 8 a 10 minutos en contemplación silenciosa del siguiente pasaje:

Frecuentemente, cuando se está transmitiendo un partido de futbol americano por la televisión, se llega a ver que alguien del público levanta un cartón con la inscripción "Juan 3:16" con la intención de que algunas personas del público recuerden o consulten el versículo que dice: "Tanto amó Dios al mundo, que entregó a su hijo único, para que quien crea en él no muera, sino tenga vida" (3:16). Esta es la gran verdad que los cristianos proclamamos con nuestra vida, con nuestras obras y en ocasiones con inscripciones en pedazos de cartón.

✠ *¿Qué puedo aprender de este pasaje?*

El que viene del cielo (3:31-36)

Pasa de 8 a 10 minutos en contemplación silenciosa del siguiente pasaje:

A este pasaje se le conoce con el título de la "Preeminencia de Jesús", queriendo afirmar su grandeza, su peculiar presencia en todas las cosas, el papel imprescindible que juega en la vida y actividad de todas las personas. Ya san Pablo lo dice en su Carta a los colosenses: "Él es también la cabeza del cuerpo, de la Iglesia. Él es el principio" (Col 1:18-19). Por medio de Él Dios quiso reconciliar consigo todo lo que existe. ¿Creo que Jesús vino del cielo con un verdadero conocimiento de Dios y que comparte este conocimiento conmigo?

✠ *¿Qué puedo aprender de este pasaje?*

La Mujer samaritana (4:1-42)

Pasa de 8 a 10 minutos en contemplación silenciosa del siguiente pasaje:

Este pasaje, que se encuentra solo en el Evangelio de Juan, es una joya de la evangelización. La Mujer samaritana, al conocer quién era Jesús, dejó el cántaro y se fue al pueblo a anunciarles a los demás que había conocido a un hombre que podría ser el Mesías. Precisamente de eso se trata la evangelización, de llevar a Jesucristo a otros; de trabajar con empeño para que otras personas lleguen a encontrar, en Jesucristo, su salvación.

✠ *¿Qué puedo aprender de este pasaje?*

Autoridad de Jesús (5:16-30)

Pasa de 8 a 10 minutos en contemplación silenciosa del siguiente pasaje:

El punto culminante de este pasaje lo encontramos cuando Jesús dice: "el que escucha mi palabra y cree en el que me ha enviado, tiene vida eterna" (5:24). No se necesita decir más: Jesús ha resumido el mensaje de la Buena Nueva en quince palabras. ¡Punto!

✠ *¿Qué puedo aprender de este pasaje?*

Discurso del Pan de vida (6:22-66)

Pasa de 8 a 10 minutos en contemplación silenciosa del siguiente pasaje:

El Discurso eucarístico contiene grandes enseñanzas precisamente sobre la Eucaristía. He aquí algunas de las frases más significativas: "El pan de Dios es el que baja del cielo y da vida al mundo"; "Yo soy el pan de vida: el que viene a mí no pasará hambre"; "Señor, danos siempre de ese pan"; "Este es el pan que baja del cielo, para que quien coma de él no muera"; "Quien come mi carne y bebe mi sangre habita en mí y yo en él". De todas estas, ¿cuál te llega más al alma?

PARTE 2: ESTUDIO INDIVIDUAL (JN 7-8)

Día 1: Jesús viaja a Jerusalén (7:1-13)

Este pasaje nos habla de la estancia de Jesús en Jerusalén durante la Fiesta de las tiendas, también conocida como la Fiesta de los Tabernáculos. Esta fiesta duraba siete días y en ellos se celebraba la cosecha anual. Durante esos días, el pueblo oraba pidiendo lluvia para la cosecha y encendía antorchas en el Templo, iluminando en la noche una gran porción de Jerusalén. Los símbolos centrales de la fiesta eran el agua y la luz. Durante esos días, la gente vivía en tiendas de campaña para resaltar su modo de vida durante la cosecha y para recordar que ellos eran un pueblo peregrino, que no contaba con un hogar permanente en esta tierra.

El autor del Evangelio nos dice que Jesús ya había decidido no viajar por la región de Judea, porque algunos de los judíos querían matarlo. Podemos suponer que al ser Jerusalén el centro del judaísmo, cuando el autor hablaba de los judíos, se estaba refiriendo a los líderes religiosos judíos que residían en Jerusalén. Pero los parientes de Jesús, en tono burlón, le instaban a viajar con ellos a Jerusalén para que sus discípulos pudiesen ver sus obras y tener fe en Él. Jesús dice a sus parientes que aún no ha llegado su hora, que vayan ellos porque son del mundo, mientras que Él no lo es. Jesús afirma que el mundo lo odia porque le echa en cara que sus acciones son malas.

Juan el evangelista nos dice que Jesús fue en secreto a la fiesta, donde era el tema de conversación de muchos. Algunos pensaban que era una buena persona, y otros no. Pero, debido al odio de los líderes religiosos, nadie hablaba abiertamente de Jesús.

Lectio divina

Dedica entre 8 y 10 minutos a la contemplación silenciosa del siguiente pasaje:

En el Evangelio de Mateo, Jesús dijo a sus discípulos cuando los envió a una misión que fueran "prudentes como serpientes y sencillos como palomas" (Mt 10:16). Jesús fue a Jerusalén en secreto porque sabía que los líderes religiosos deseaban arrestarlo. Además de ser sencillo como paloma, era astuto como las serpientes. Ese fue el ejemplo que nos dejó Jesús para ayudarnos a los cristianos y enseñarnos que al profesar nuestra fe debemos practicar estas dos virtudes, para evitar que nos ocurran males innecesarios.

✠ *¿Qué puedo aprender de este pasaje?*

Día 2: Jesús habla con los judíos (7:14-36)

En este pasaje, el autor utilizó la forma literaria del diálogo para presentar la enseñanza de Jesús. Y como es común en el Evangelio de Juan, Jesús repite el mismo mensaje varias veces dentro del diálogo.

Encontramos a Jesús en el Templo de Jerusalén maravillando al público con su enseñanza. Al igual que las personas de su ciudad natal, la gente en el Templo también se preguntaba ¿De dónde le viene a este esa autoridad y conocimiento para enseñar? (Mc 6:1-4). Jesús les dice que sus enseñanzas provenían del que lo había enviado. Con ello, quiere enseñarles que aquellos que buscan su propia gloria, en lugar de la gloria de Dios, no van a poder entender su mensaje. Acusó a los judíos de no seguir la ley dada por Moisés, y les preguntó por qué querían matarlo, ante lo cual le acusaron de estar poseído. Jesús cuestionó la lógica de sus objeciones: si un hombre podía ser circuncidado en sábado para evitar transgredir la ley de Moisés, entonces cuánto más la curación de una persona podría ser hecha en sábado.

Se preguntaban unos a otros si sus líderes estaban empezando a flaquear en su oposición a Jesús, ya que no hacían nada: "¿Habrán reconocido de veras las autoridades que éste es el Cristo?" (7:26). Esto no es posible, ya que nadie conocía el origen del Mesías, pero de Jesús si conocían su origen. Jesús afirmó que Él no venía por su cuenta, sino que había sido enviado por aquel que es veraz. Los líderes judíos trataron de detenerlo, pero no pudieron porque su hora no había llegado. Así es como Juan el evangelista siguió mostrando que Dios tiene perfecto control sobre la historia y que nadie puede realizar acción alguna en contra de Jesús a menos que Dios mismo se lo permita.

Cuando los fariseos supieron que las personas estaban empezando a creer en Jesús, enviaron al Templo guardias para arrestarlo. El mensaje apara la comunidad a la que estaba dirigido este Evangelio era claro: si a Jesús lo habían tratado de arrestar, no era de sorprenderse que a ellos les sucediera algo semejante.

Lectio divina

Dedica entre 8 y 10 minutos a la contemplación silenciosa del siguiente pasaje:

En este pasaje Jesús nos enseña que hacer el bien es un imperativo. Acusado de haber sanado a un enfermo en sábado, yendo así contra de la interpretación que los fariseos daban a la ley de Moisés, Jesús declaró que Él estaba siguiendo la ley de Dios, la cual nos enseña a amar a los hombres. El amor siempre llevará a hacer el bien, sin mirar a quien, ni a qué hora, ni si cuesta trabajo o no. Jesús nos enseña que estamos llamados a realizar actos buenos todos los días de nuestra vida, sin excepción.

✠ *¿Qué puedo aprender de este pasaje?*

Día 3: Ríos de agua viva (7:37-52)

Durante la Fiesta de los Tabernáculos Jesús habló sobre sí mismo como fuente de agua viva, invitando a aquellos que tenían sed espiritual a que fuesen a Él. Algunos de entre la multitud proclamaron que Jesús era un profeta, mientras que otros dijeron que era el Mesías. Esto hizo que surgiera un debate. Por un lado se sabía que el Mesías debía ser descendiente de David y que debía nacer en Belén; pero, por otro lado, algunas de esas personas creían que Jesús venía de Galilea. Irónicamente, no sabían que el lugar de nacimiento y el linaje de Jesús coincidían perfectamente con el Mesías esperado.

Cuando los guardias regresaron a los fariseos sin llevarles a Jesús preso, les informaron que nunca antes nadie había hablado como Él. Los fariseos despreciaron a los guardias, diciéndoles que se habían dejado engañar y de manera despectiva comentaron: "¿Quién de los jefes o de los fariseos ha creído en él? Sólo esa maldita gente, que no conoce la ley". (7:48-49).

Lectio divina

Dedica entre 8 y 10 minutos a la contemplación silenciosa del siguiente pasaje:

Los fariseos miraban con desprecio a la gente común que no conocía en profundidad las Escrituras. A través de la historia ha habido infinidad de personas que, como los fariseos, miran con desprecio a aquellos que no piensan como ellos, que no se parecen físicamente a ellos, que no hablan su lengua o son diferentes de alguna manera. Eso no es propio de un cristiano: Cristo vino a cambiar la manera como los hombres se tratan unos a otros.

✠ *¿Qué puedo aprender de este pasaje?*

Día 4: Jesús y la mujer adúltera (8:1-11)

Jesús fue al Templo temprano en la mañana, se sentó como se sentaban los maestros y empezó a dar una lección del amor de Dios para con el pecador. Los escribas y los fariseos le llevaron a una mujer sorprendida en adulterio, preguntándole qué deberían hacer con ella. De acuerdo con la ley de Moisés, una mujer sorprendida en adulterio debía ser apedreada. La verdad es que a ellos no les importaba la mujer, ni la falta que había cometido, lo que querían era poner en un aprieto a Jesús, que estaba predicando la misericordia y el perdón.

Creían que estaban a punto de atraparlo, pues Jesús no podía negarse a obedecer la ley de Moisés y sabían que no podía tampoco ir contra sus propias enseñanzas. Sin decir nada, Jesús comenzó a escribir en el suelo. El autor no nos dice qué fue lo que escribió, pero lo que sí nos dice es que, poniéndose de pie, invitó a los presentes que estuvieran sin pecado a lanzar la primera piedra. Se inclinó de nuevo y siguió escribiendo.

Jesús les pasó a ellos el dilema. Lanzarle una piedra era declararse sin pecado. Jesús hizo que los que estaban juzgando a la mujer también se juzgaran a sí mismos. Uno por uno se fueron alejando, dejando a Jesús solo con la mujer. Las palabras de Jesús a la mujer son una joya de caridad y delicadeza: "Mujer, ¿dónde están? ¿Nadie te ha condenado?" (8:10). Jesús nunca aprobó su adulterio, pero le mostró su misericordia y perdón cuando le dijo: "Tampoco yo te condeno. Vete, y en adelante no peques más" (8:11).

Lectio divina

Dedica entre 8 y 10 minutos a la contemplación silenciosa del siguiente pasaje:

En este pasaje Jesús nos muestra que Dios es un Dios amoroso, compasivo y siempre dispuesto a perdonar. Jesús está más preocupado por el futuro que por el pasado. Sus palabras a la mujer que fue sorprendida en adulterio lo demuestran: "no peques más". El propósito del perdón no es castigar a la persona, sino invitarla a vivir una vida libre de pecado, a crecer y ser mejor. Jesús dice a todas aquellas personas que buscan el perdón de los pecados, sin importar la gravedad de estos: "Vete, y en adelante no peques más" (8:11).

✠ *¿Qué puedo aprender de este pasaje?*

Día 5: Jesús, luz del mundo (8:12-20)

"Yo soy la luz del mundo; el que me siga no caminará en la oscuridad, sino que tendrá la luz de la vida" (8:12), dijo Jesús. A lo que los fariseos le respondieron que su testimonio no era válido, ya que no tenía testigos para apoyarlo. Según la ley judía, una persona debe tener por lo menos dos testigos que den validez al mensaje que enseña. Jesús respondió que Él había venido del Padre e iría al Padre, por lo tanto ningún ser humano podía ser testigo del mensaje que predicaba. Ante la pregunta "¿Dónde está tu padre?" (8:19), Jesús respondió que si lo conocieran a Él, conocerían también al Padre.

Lectio divina

Dedica entre 8 y 10 minutos a la contemplación silenciosa del siguiente pasaje:

Cuando entendemos que Jesús y el Padre son uno, reconocemos que Jesús es verdaderamente la luz del mundo y que habla con la autoridad de Dios. Si aceptamos a Jesús, vivimos con la certidumbre de que el mensaje que nos está transmitiendo, es el mensaje de Dios.

✠ *¿Qué puedo aprender de este pasaje?*

Preguntas de reflexión y repaso

1. ¿Por qué Jesús dudaba de ir a Jerusalén?
2. Según Jesús, ¿por qué se debe permitir hacer actos buenos en sábado? Explica.
3. ¿Qué quiso decir Jesús cuando afirmó que de Él brotaba agua viva? Discute.
4. ¿Por qué era tan importante para los líderes judíos el origen de Jesús?
5. ¿Qué lecciones podemos aprender de la misericordia con que trató Jesús a la mujer adúltera?

Se acerca la hora— Jesús envía un Defensor

JUAN 9-17

Jesús le respondió: "Yo soy la resurrección. El que cree en mí, aunque muera, vivirá; y todo el que vive y cree en mí, no morirá jamás. ¿Crees esto?" Le dice ella: "Sí, Señor, yo creo que tú eres el Cristo, el Hijo de Dios, el que iba a venir al mundo". (11:25-27).

Oración inicial *(ver página 15)*

Contexto

Parte 1: Juan 9-14: La hora final de Jesús se acercaba, mientras tanto Él seguía realizando signos como el del ciego de nacimiento, comparando su actuar con el del Buen Pastor, defendiéndose de las autoridades religiosas, resucitando a su amigo Lázaro, enseñando cómo es necesario morir al igual que el grano de trigo, para así dar más fruto. Se inicia lo que se llama el discurso de la Ultima Cena, en donde Jesús lava los pies a sus discípulos, da el mandamiento del amor fraterno y les confirma que volverá para llevarlos a la casa de su Padre.

Parte 2: Juan 15-17: Continuando con su discurso de la Última Cena, Jesús llama "amigos" a sus discípulos, les advierte que serán odiados por el mundo porque a Él el mundo lo había odiado. Les habla sobre el Espíritu Santo y de cómo este llegaría una vez que Jesús se hubiese marchado. Profundizó sobre su relación con el Padre buscando que los discípulos la comprendieran y finalmente hizo una oración al Padre que conocemos como la "Oración sacerdotal".

Parte 1: Estudio en grupo (Jn 9-14)

Leer en voz alta Juan 9-14

Jesús sana a un ciego de nacimiento (9:1-41)

Este pasaje nos narra, no solo una curación que Jesús realizó, sino también la cerrazón de los fariseos ante la persona de Jesús y sus signos. Juan usa la ceguera de nacimiento de un hombre y su curación para dar una enseñanza. Cuando Jesús y sus discípulos se encontraron con un hombre ciego de nacimiento, los discípulos le preguntaron si la ceguera de ese hombre se debía a sus pecados o a los pecados de sus padres. Jesús respondió que ni el hombre, ni sus padres habían pecado, sino que había sucedido así para que se mostrara en él la obra de Dios. De esta forma dejaba claro que la enfermedad física no era un castigo de Dios, sino que tenía otra finalidad: su curación iba a ser un signo del poder de Dios y de la autenticidad del mensaje de Jesús.

Cuando el hombre se lavó en las aguas de la piscina de Siloé el barro que Jesús le había puesto en los ojos, recuperó la vista y comenzó un viaje hacia la luz espiritual. Se convirtió en testigo del Señor y confesó que había recibido la vista de Él. Lo llevaron ante los fariseos y les expuso lo sucedido. Algunos de los fariseos dijeron que no era posible que alguien que decía venir de Dios curase en sábado y otros que Dios no permitiría que un pecador pudiera realizar esas curaciones. Cuando le preguntaron al hombre que había sido curado qué pensaba de Jesús, este profesó su fe en Él, declarando que era un profeta (cf. 9:17).

Los fariseos se negaron a creer que este hombre hubiera nacido ciego por lo que llamaron a sus padres. Estos afirmaron que efectivamente su hijo había nacido ciego, pero que no sabían nada sobre quién le había abierto los ojos (cf. 9:21) Esto lo dijeron por temor. Los fariseos siguen con sus averiguaciones y para ello interrogan al antes ciego por segunda vez. Este respondió: "sólo sé una cosa: que era ciego y ahora veo" (9:25) y "Jamás se ha oído decir que alguien haya abierto los ojos de un ciego de nacimiento. Si éste no viniera de Dios, no podría hacer nada" (9:32-33). Oyó Jesús que lo habían expulsado y, encontrándolo, le preguntó si creía en el Hijo del Hombre, a lo que el hombre respondió de forma afirmativa. Jesús proclamó que había venido a este mundo "para que los que no ven vean; y los que ven se vuelvan ciegos" (9:39). Es decir, que Él no podría darles la fe a los que estuvieran espiritualmente ciegos, porque con arrogancia rechazaban sus palabras.

Esta historia del ciego de nacimiento es una excelente historia de cómo la fe va progresando. El hombre primero reconoció a Jesús como un profeta, es decir, como al enviado de Dios y finalmente como al Hijo del Hombre. De principio a fin, él se esforzó por comprender quién era Jesús, y su fe creció gradualmente. Cada encuentro que iba teniendo con Jesús nos muestra cómo le iba conociendo más.

El Buen Pastor (10:1-21)

La figura del pastor viene del Antiguo Testamento. El profeta Ezequiel, hablándoles a los líderes del pueblo, les llamó la atención diciéndoles: "¡Ay de los pastores de Israel que se apacientan a sí mismos! ¿No deben los pastores apacentar el rebaño?" (Ez 34:2), es decir, ¿no deberían estar los pastores cuidando a las ovejas en lugar de a sí mismos? Continúa el texto diciendo que, a diferencia del mal pastor, el Señor es el buen pastor que recoge a las ovejas descarriadas, venda a las heridas, sana a las enfermas y las apacienta como es debido (Ez 34:1-31).

En el Evangelio de Juan, este nuevo buen pastor es Jesucristo, quien aprovechó esa imagen tan familiar al pueblo judío para explicar cómo cuida a los suyos. En la época de Jesús, los pastores viajaban por diferentes territorios y dejaban sus ovejas en un corral con otras ovejas. Por la mañana, llamaban a sus ovejas, las cuales reconocían su voz y lo seguían, mientras que otras permanecían en el corral hasta escuchar la voz familiar de su propio pastor. También se presentó como el Buen Pastor del que habla el Salmo 23, quien a diferencia del asalariado, protege a las ovejas, incluso dando su vida. De esa forma, hacía una alusión a su propia muerte.

Continúa diciendo que aquellos que son fieles a Dios reconocerán la voz de Cristo como su verdadero pastor. Dice además que otras personas que no pertenecían al rebaño original también seguirán a Cristo, haciendo referencia a los gentiles, quienes aceptaron de mejor gana a Jesús, que el mismo pueblo judío. Así, todas las diferencias desaparecerán para los que siguen a Jesús. Cuando Jesús terminó su discurso, las personas comenzaron a discutir entre sí. Algunos decían que Jesús estaba endemoniado y loco.

La fiesta de la Dedicación (10:22-42)

Este pasaje se desarrolló durante la fiesta de la Dedicación del Templo. Los orígenes de esta fiesta los encontramos en el primer libro de los Macabeos. Allí leemos de la lucha del pueblo judío bajo el liderazgo de Judas Macabeo contra un gobernante extranjero llamado Antíoco

Epífanes, el cual había colocado una estatua del dios Zeus en el Templo judío. Esto era una terrible ofensa. Judas Macabeo logró vencer al invasor y sacó del templo las representaciones de los dioses extranjeros, volviéndolo a consagrar al Señor (1 Mac 4:36 ss.). Cada año, los judíos conmemoran este evento a mediados de diciembre en la fiesta de Hanukkah que se centra en el tema de la luz

Los líderes religiosos que no habían sido capaces de comprender el mensaje de Cristo, estaban buscando signos visibles y una clara confirmación de que Él era realmente el Mesías. Jesús dijo que sus ovejas escuchan su voz: "Mis ovejas escuchan mi voz; yo las conozco y ellas me siguen. Yo les doy vida eterna y no perecerán jamás, y nadie las arrebatará de mi mano" (10:27-28). Sus ovejas también pertenecen al Padre y nunca serán destruidas ni arrebatadas del Hijo. Los judíos, tomando piedras, querían apedrearlo por haberse comparado con Dios.

"Muchas obras buenas de parte del Padre les he mostrado. ¿Por cuál de esas obras quieren apedrearme?" (10:32), les preguntó Jesús. Al informarle que lo querían apedrear porque se estaba poniendo al mismo nivel de Dios, cometiendo con ello blasfemia, Jesús les respondió: "'¿No está escrito en su Ley: Yo he dicho: dioses son?, ¿cómo le dicen [a aquel a quien el Padre ha santificado] que blasfema por haber dicho "Yo soy Hijo de Dios?'" (10:35-36). Entonces intentaron arrestarlo de nuevo, pero Él se les escapó de entre las manos.

Jesús resucita a Lázaro (11:1-45)

Este pasaje nos presenta a Jesús como Señor de la resurrección y de la vida. Siendo este el último de los signos o milagros que nos presenta Juan en su Evangelio, su narración es muy detallada y rica, ya que hace que el lector llegue a la conclusión de que Jesús venció a la muerte, por lo cual, si pudo resucitar a Lázaro, también podrá resucitar Él de su propia muerte. Juan nos dice que Jesús recibió la noticia de que su amigo Lázaro, el hermano de Marta y María, estaba a punto de morir. Jesús predijo que esa enfermedad serviría para glorificar al Hijo de Dios.

Jesús esperó dos días antes de regresar a Judea. Sus discípulos le recordaron que su vida estaría en peligro si regresaba a Judea, a lo que Jesús respondió que hay doce horas de luz en un día (el número de horas que el pueblo judío consideraba como luz del día), que mientras caminara bajo la luz de la protección de Dios, nadie podría tocarlo, pero Él sabía que la hora de la cruz llegaría.

Cuando Jesús dijo a sus discípulos que Lázaro había muerto, agregó que estaba a punto de realizar una señal que los ayudaría a creer. Al llegar a Betania, un pueblo que se encontraba a tres kilómetros de Jerusalén, Marta corrió a su encuentro, expresando abiertamente la fe en el poder sanador de Jesús. Le dijo: "yo sé que cuanto pidas a Dios, Dios te lo concederá" (11:22), haciendo alusión a que Jesús todavía podía hacer algo. Jesús le dijo a Marta que Lázaro resucitaría y que Él era la resurrección y la vida. "y todo el que vive y cree en mí, no morirá jamás" (11:26). Jesús no hablaba de la muerte física, sino de la muerte espiritual. Ante esto, Martha hace una profesión de fe: "Sí, Señor, yo creo que tú eres el Cristo, el Hijo de Dios, el que iba a venir al mundo" (11:27).

La otra hermana de Lázaro, María, llegó al encuentro de Jesús diciéndole: "Señor, si hubieras estado aquí, mi hermano no habría muerto" (11:32). Visiblemente alterado, Jesús se dirigió a la tumba pidiendo que retiraran la piedra que cubría el sepulcro. Habían pasado cuatro días desde su fallecimiento, el cadáver ya comenzaba a descomponerse y no quedaba lugar a duda de que Lázaro estaba muerto. Jesús, alzando la vista al cielo, dijo: "Te doy gracias por haberme escuchado. Ya sabía yo que tú siempre me escuchas; pero lo he dicho por estos que me rodean, para que crean que tú me has enviado" (11:41-42). Él mismo no tiene duda alguna de que Dios oye sus oraciones.

La salida de Lázaro de la tumba ante el llamado de Jesús fue una anticipación de lo que le sucedería a Jesús después de su propia muerte. Resucitaría. Jesús pide que liberen a Lázaro del vendaje, el cual es un símbolo de las ataduras del pecado. Nos recuerda que Jesús vino para liberar a todos los hombres y mujeres de la esclavitud del pecado.

El grano de trigo debe morir (12:20-36)

Jesús anunció a sus apóstoles: "Ha llegado la hora de que sea glorificado el Hijo de hombre. En verdad, en verdad les digo: si el grano de trigo no cae en tierra y muere, queda él solo; pero si muere, da mucho fruto" (12:23-24). Con ello declaraba, no solo que la hora de su muerte se acercaba, sino que era necesario que esto sucediera para poder así "rendir" más, dar más fruto.

Hay varias expresiones en este pasaje que nos permiten entrever la importancia del momento que se avecinaba: "el que odia su vida en este mundo, la guardará para una vida eterna" (12:25). "¿Qué voy a decir? ¡Padre, líbrame de esta hora! Pero ¡si he llegado a esta hora para esto! (12:27). Jesús consintió a la misión que el Padre le había encomendado y así lo hizo saber, animándolos a caminar mientras Él, la luz del mundo, estaba entre ellos. Resumiendo: Jesús debía morir, como el grano de trigo, para conseguir la salvación de la humanidad.

Jesús lava los pies a sus discípulos (13:1-20)

A partir de ahora, el Evangelio nos va a ir llevando través de la pasión, muerte y resurrección de Jesús. Esta sección consta de largos discursos y oraciones por los discípulos de Jesús y por todos los creyentes. Situándonos en la Última Cena, Juan vuelve a subrayar que la muerte de Jesús estaba cerca y que esta no sería un fracaso, sino que por el contrario, constituiría el medio por el cual llegaría a la gloria del Padre.

Judas, bajo la influencia del Diablo, había decidido traicionar a Jesús. Juan presenta a Jesús como alguien que estaba consciente de que venía de Dios y que, por lo tanto, volvería a Dios. Y antes de que eso sucediese, quería dejar claro cómo deberían actuar sus seguidores. Para ello, lavó y secó los pies a sus discípulos, como lo habría hecho un sirviente, y encargó a sus discípulos que hicieran lo mismo. En la época de Jesús, lavar los pies a los invitados a un banquete era tarea de la servidumbre. Con ese gesto, Jesús hacía un llamado a los discípulos a ser servidores de sus hermanos.

Pedro, siempre impulsivo, trató de impedir a Jesús que le lavara los pies. El Maestro le respondió que entonces no tendría nada que ver con Él. Pedro, fiel a su carácter, se fue a los extremos, pidiendo entonces que lo lavase completo. Esto ilustra su deseo y entusiasmo de compartir la vida de Cristo. Cuando terminó de lavarles los pies, les preguntó si comprendían lo que acababa de hacer: así como Él les había lavado los pies, ellos deberían lavárselos a otros.

Un mandamiento nuevo: el amor fraterno (13:31-38)

Una vez que Judas abandonó el lugar donde se habían reunido para cenar, Jesús pronunció un largo discurso de despedida, declarando que el momento de su glorificación estaba a punto de llegar, que Él no iba a estar físicamente con ellos mucho tiempo más, pero que todavía no se iba a ir porque tenía una misión que realizar. En ese momento nos dio un nuevo mandamiento: "Que, como yo los he amado, así se amen también ustedes los unos a los otros" (13:34). El mandato del amor no era nuevo, lo que sí era nuevo era el modelo de ese amor, es decir, el amor de Jesús para con sus discípulos. Ellos debían amar a los demás como Jesús los había amado. Además, sí amaban como Jesús los había amado, el mundo los reconocería como sus discípulos.

Pedro, el colérico Pedro, una vez más volvió a la carga diciendo que él seguiría a Jesús hasta la muerte. Pero Jesús predijo que Pedro lo negaría tres veces antes de que cantase el gallo. Los lectores de este Evangelio en la naciente Iglesia seguramente sabrían que Pedro había muerto mártir en Roma y que, al final, sí siguió a Cristo hasta la muerte.

Discurso de la Última Cena (14:1-31)

Un discurso de despedida siempre tiene una fuerte carga emotiva y de contenidos. Es un momento importante, tanto para el que habla como para los que escuchan. Por lo general, en este se expresan ideas, sentimientos, preocupaciones e ilusiones de quien se va. Es la última oportunidad que se tiene para compartir lo que se tiene en el corazón. Por ello, el discurso de la Ultima Cena ocupa varios capítulos del Evangelio de Juan.

Hay varias frases que vale la pena resaltar, ya que nos dan una semblanza muy completa del mensaje de Jesús. Estas son: "No se turbe su corazón. Creen en Dios: crean también en mí" (14:1); "en la casa de mi Padre hay muchas mansiones y cuando haya ido y les haya preparado un lugar" (14:2); "volveré y los tomaré conmigo, para que donde esté yo estén también ustedes." (14:3); "Yo soy el Camino, la Verdad y la Vida. Nadie va al Padre sino por mí" (14:6); "el que crea en mí, hará él también las obras que yo hago, y hará mayores aún, porque yo voy al Padre" (14:12); "Si me piden algo en mi nombre, yo lo haré" (14:14) "El que tiene mis mandamientos y los guarda, ése es el que me ama; y el que me ame, será amado de mi Padre" (14:21); y "vendremos a él, y haremos morada en él" (14:23). Estas palabras habrán sido verdaderamente reconfortantes para los discípulos esa noche y los son también para nosotros hoy en día.

Jesús nos dejó otra enseñanza esa noche: "Yo pediré al Padre y les dará otro Paráclito, para que esté con ustedes para siempre" (14:16-17). Ese Defensor es ni más ni menos que el Espíritu Santo: "que el Padre enviará en mi nombre, [quien] se lo enseñará todo y les recordará todo lo que yo les he dicho" (14:26). Así que Jesús se iba, pero no los dejaba solos: el Espíritu Santo se quedaría entre la comunidad cristiana como defensor, abogado, guía y luz.

Antes de salir, les dijo "les dejo la paz, mi paz doy" (14:27). Jesús quiere que sus seguidores vivan en paz, una paz profunda, la paz que viene de Jesús, que es una paz que conforta y reanima. Y como Él se iba al Padre, los discípulos deberían regocijarse en vez de llorar. Jesús dijo que el Padre es más grande que Él. Esto no debe entenderse como si el Padre y el Hijo no fueran iguales, más bien, que durante su vida terrena, Jesús se sometió libremente a la condición humana con todas sus limitaciones. Pero el Padre nunca dejó de guiar sus pasos.

Jesús terminó el discurso abruptamente cuando se disponía a enfrentarse a su hora: "¡Levántense, vámonos de aquí!" (14:31).

Preguntas de reflexión y repaso

1. Explica la enseñanza que trae consigo la curación del ciego de nacimiento hecha por Jesús.
2. La historia del Buen Pastor tiene varias enseñanzas sobre cómo Jesús cuida a los suyos. Explícalas.
3. ¿Cómo responde Jesús a los líderes religiosos cuando cuestionan su identidad de Mesías?
4. ¿Por qué Jesús se estremeció por dentro ante la muerte de Lázaro?
5. ¿Por qué es importante que Jesús haya resucitado a Lázaro?
6. ¿Qué quiso decir Jesús al usar la imagen del grano de trigo que debe morir para producir fruto?
7. ¿Cómo podemos aplicar a nuestra vida el gesto de Jesús de lavar los pies a sus discípulos?
8. ¿Por qué el nuevo mandamiento que dio Jesús de amarnos los unos a los otros, representa un verdadero reto para nosotros?
9. ¿A qué se refería Jesús cuando dijo: "el que me ve a mí, ve al Padre"? ¿Por qué es importante esta afirmación? ¿Qué nos enseña acerca de Jesús? ¿Qué nos enseña acerca del Padre?

Oración final *(ver página 15)*

Hacer la oración final ahora o después de la *Lectio divina*.

Lectio divina *(ver página 8)*

Relaja tu cuerpo y mantén una postura de oración (espalda recta, ojos cerrados, pies en el piso). Puedes tomar todo el tiempo que quieras para hacer este ejercicio, pero se considera que para los fines de este estudio bíblico, de 10 a 20 minutos es suficiente.

Las meditaciones que se proporcionan a continuación tienen como finalidad simplemente ayudar a los participantes del grupo a utilizar esta forma de oración, pero ten en cuenta que la finalidad de la *Lectio divina* es llevar a la persona a la contemplación orante, donde la Palabra de Dios hable al corazón (para mayor información, ve la página 8).

Jesús sana a un ciego de nacimiento (9:1-41)

Pasa de 8 a 10 minutos en contemplación silenciosa del siguiente pasaje:

Al inicio del Evangelio de Juan, Jesús dice que es la luz verdadera que ilumina a todo hombre y que viene al mundo (cf. 1:9). Más adelante añade: "Yo soy la luz del mundo; el que me siga no no caminará en la oscuridad" (8:12). Ahora, en este pasaje se nos presenta a Jesús sanando a un ciego de nacimiento, poniendo de manifiesto que verdaderamente quien le sigue no andará en tinieblas. Jesús no solamente dio a este ciego la capacidad física de ver, sino que le dio la luz espiritual, que le permitió ver en Jesús al Hijo de Dios.

✠ *¿Qué puedo aprender de este pasaje?*

El Buen Pastor (10:1-21)

Pasa de 8 a 10 minutos en contemplación silenciosa del siguiente pasaje:

Algunos de los que dicen creer en Jesús, pero que no ponen su mensaje en acción, son como los asalariados de quien habla este pasaje. Cuando surge algún problema, cuando alguna situación hace entrar en conflicto su vida y su fe, dejan a Jesús y se van corriendo. Jesús es la puerta, es el camino a la vida eterna, es el Buen Pastor. Como cristianos bautizados, ya no somos asalariados, sino un pueblo que comparte la vida del Buen Pastor y actúa en su nombre. Nuestras palabras y actos son las puertas por donde la gente puede llegar a Cristo.

✠ *¿Qué puedo aprender de este pasaje?*

La fiesta de la Dedicación (10:22-42)

Pasa de 8 a 10 minutos en contemplación silenciosa del siguiente pasaje:

Como seguidores de Jesús, podemos decir que somos ovejas de su rebaño. Lo seguimos como nuestro pastor, de Él escuchamos el llamado a actuar como seguidores suyos. Por eso podemos ver su mensaje como un mensaje de Dios. Una vez que se pertenece al rebaño de Cristo y se confía en Él, Él promete protegernos como buen pastor que es.

✠ *¿Qué puedo aprender de este pasaje?*

Jesús resucita a Lázaro (11:1-45)

Pasa de 8 a 10 minutos en contemplación silenciosa del siguiente pasaje:

Esta es una narración que se va desarrollando poco a poco, en la que unas hermanas preocupadas por la enfermedad de su hermano Lázaro mandan llamar a Jesús. Jesús era un amigo de la familia. No entendemos muy bien a

Jesús pues, aun sabiendo que su amigo estaba enfermo, decide permanecer dos días más en el lugar en donde estaba. A nosotros nos hubiera gustado que Jesús se apresurara a llegar a donde estaba el enfermo, que lo curase, que animara a las hermanas, que les dijera que todo iba a estar bien. Pero los tiempos de Dios y los nuestros son diferentes. Ya nos lo dijo el profeta Habacuc "si se atrasa, espérala, pues vendrá ciertamente, sin retraso" (Hab 2:3).

✠ *¿Qué puedo aprender de este pasaje?*

El grano de trigo debe morir (12:20-36)

Pasa de 8 a 10 minutos en contemplación silenciosa del siguiente pasaje:

Jesús se veía a sí mismo como un grano de trigo que debía morir para dar fruto. Aunque estuviese asustado por el tipo de muerte que le esperaba, estaba dispuesto a aceptarla y a dar gloria a Dios con esta. La valentía y el amor no se demuestran por el hecho de no tener miedo, sino por seguir la voluntad de Dios a pesar de tener miedo. Jesús estaba dispuesto a ser elevado en la cruz por nuestra salvación. Y así como Cristo fue elevado, nosotros también somos elevados, no en una cruz, sino en nuestra vida diaria de trabajo, familia, comunidad, amistades. Ahí encontraremos muchas veces nuestras cruces.

✠ *¿Qué puedo aprender de este pasaje?*

Jesús lava los pies a sus discípulos (13:1-20)

Pasa de 8 a 10 minutos en contemplación silenciosa del siguiente pasaje:

A pesar de que en el Evangelio de Juan no se nos narra la institución de la Eucaristía, en este Evangelio se nos enseña un mensaje sobre la Eucaristía, cuando Jesús lava los pies a los discípulos. Nos está diciendo que nosotros somos un pueblo eucarístico y, como tal, estamos llamados a servir con humildad. El servicio está al centro de la Eucaristía: Jesús nos sirve al darnos su Cuerpo y su Sangre; y nosotros, alimentados y enviados por Él, servimos a nuestros hermanos y hermanas. Si Dios ama la humildad y el servicio, los verdaderos seguidores de Cristo debemos practicar esas virtudes.

✠ *¿Qué puedo aprender de este pasaje?*

Un mandamiento nuevo: el amor fraterno (13:31-38)

Pasa de 8 a 10 minutos en contemplación silenciosa del siguiente pasaje:

Estamos llamados a amarnos unos a otros como Jesús nos amó, dando su vida por nosotros. El amor es radical. Jesús no pide que amemos solo cuando nos sintamos bien o cuando nos agraden las personas. Su llamado es total. Y para ser más claro y no dejar ninguna duda, nos dice que nos amemos como Él nos ha amado. Debemos ser conscientes de que en ningún momento dice que vaya a ser fácil. Tomando el ejemplo de Pedro, vemos que amar como Jesús amó lleva tiempo e implica una serie de tropiezos y fracasos.

✠ *¿Qué puedo aprender de este pasaje?*

Discurso de la Última Cena (14:1-31)

Pasa de 8 a 10 minutos en contemplación silenciosa del siguiente pasaje:

Jesús dice a sus discípulos que no se inquieten. Como seguidores de Jesús, sabemos que podemos confiar en que Él estará con nosotros a cada paso y nos acompañará en todas las dificultades que tengamos que afrontar. Esto nos llena de esperanza y disminuye nuestra ansiedad. Jesús también nos dice que en la casa de su Padre hay muchas habitaciones. Hay muchas formas distintas de espiritualidad que conducen a la santidad y esta, la santidad, es la voluntad de Dios para cada uno de nosotros. En el desierto, san Antonio practicó una espiritualidad que difería de la de san Ignacio de Loyola y san Ignacio practicaba una que no era como la de san Francisco de Asís. Nuestro llamado consiste en cumplir nuestras obligaciones, de acuerdo con nuestro estado de vida, de la mejor manera posible y esforzarnos por amar a los demás como Jesús los ama. Con la ayuda de la lectura espiritual o de un director espiritual, estamos llamados a discernir nuestra propia forma de espiritualidad, que no es otra cosa que amar a nuestros prójimos como Dios y Jesús los aman.

✠ *¿Qué puedo aprender de este pasaje?*

PARTE 2: ESTUDIO INDIVIDUAL (JN 15-17)

Día 1: La vid verdadera (15:1-17)

Al final del capítulo anterior se nos dice que Jesús decide cambiarse de lugar ("¡Levántense! Vámonos de aquí"). En este capítulo el autor presenta a Jesús iniciando un nuevo y más largo discurso que repite con más detalle el mensaje dado en el capítulo catorce.

La imagen de Dios plantando un viñedo en Israel es frecuente en el Antiguo Testamento. Jesús usa esa imagen para hablar de Él como la vid y del Padre como el viñador, el que cuida de la vid y de su crecimiento, podando la rama que no da fruto (falso discípulo) y podando las ramas buenas (los buenos discípulos) de modo que puedan producir más fruto. La capacidad de los discípulos para dar fruto dependerá de su permanencia en Cristo, así como el sarmiento no puede dar fruto por sí solo, sino que tienen que estar unido a la vid, ya que de ella recibe la vida.

Es el amor que el Hijo recibe del Padre el que comparte con sus discípulos y la medida de su amor se ve reflejada en dar su vida por ellos. Ya no les llama "siervos", sino amigos porque saben lo que hace. Además, aclara que "No me han elegido ustedes a mí, sino que yo los he elegido a ustedes, y los he destinado para que vayan y den fruto, y que su fruto permanezca" (15:16). Termina con una importante instrucción: "Lo que les mando es que se amen los unos a los otros" (15:17).

Lectio divina

Dedica entre 8 y 10 minutos a la contemplación silenciosa del siguiente pasaje:

A nosotros, hombres y mujeres del siglo XXI, nos cuesta trabajo visualizar la imagen de la vid y los sarmientos. Quizás porque los plantíos de vid son algo lejano a nuestra realidad. Jesús quiere hacernos comprender por medio de este ejemplo lo importante que es que estemos unidos a Él, que es la vid de la que brotan los sarmientos, es decir, nosotros. Mientras seamos fieles a Cristo, vamos a dar sus frutos.

✠ *¿Qué puedo aprender de este pasaje?*

Día 2: El odio del mundo (15:18-26)

Jesús dijo: "Si el mundo los odia, sepan que a mí me ha odiado antes que a ustedes" (15:18). Cuando se habla del mundo en esta sección, se está hablando del mundo material que juzga la vida y los acontecimientos desde una perspectiva terrenal y limitada. Es el mundo de las tinieblas y del pecado, un mundo que rechazó y sigue rechazando a Jesús, quien es la imagen visible del amor de Dios. Los discípulos no deberían sorprenderse de que el mundo los odie, ya que primero odiaron a Jesús.

Nuevamente Jesús habla del Defensor que llegará y que será testigo en nombre de la verdad. Los discípulos, que han estado con Jesús desde que comenzó su ministerio, también serán testigos. El autor, en el momento de la redacción del Evangelio, sabía que los cristianos de la naciente Iglesia estaban siendo expulsados de las sinagogas y perseguidos por su fe en Jesús. Por tanto, les recuerda que estos acontecimientos fueron previstos por Jesús. Estas palabras de Jesús tenían el propósito de sostenerlos.

Lectio divina

Dedica entre 8 y 10 minutos a la contemplación silenciosa del siguiente pasaje:

Hay un dato que nos puede sorprender: el siglo XX vio morir a una gran cantidad de hombres y mujeres por seguir a Cristo. A estos les llamamos mártires. Generalmente, cuando pensamos en mártires, nuestra imaginación viaja a los primeros años del cristianismo. Pensamos en los circos romanos donde los cristianos eran echados a las fieras para complacencia de los espectadores. Pero curiosamente ahora, cuando se supone que el hombre está más civilizado y preparado, hay una gran cantidad de cristianos que han dado su vida en diversas regiones del mundo. No deberíamos sorprendernos si el mundo nos odia como odió a Cristo. No debemos sorprendernos de ser rechazados por nuestra fe. Una fuente de tranquilidad es saber que contamos con el Espíritu Santo, nuestro defensor.

✠ *¿Qué puedo aprender de este pasaje?*

Día 3: El testimonio del Espíritu y los discípulos (16:1-24)

Jesús siguió hablando con sus discípulos. Tenía la imperiosa necesidad de conversar con ellos ampliamente sobre el Espíritu Santo. Su muerte se acercaba y estaba a punto de volver al Padre. Advirtió a sus discípulos que llorarían y se lamentarían, pero que debían alegrarse, pues era necesario que sucediera todo lo que iba a suceder para que el Espíritu Santo pudiera venir a ellos. A su vez, sería el Espíritu quien les ayudaría a entender el plan de Dios y a interpretar los acontecimientos de su vida.

Jesús, haciendo referencia a su muerte y resurrección, la comparó con los dolores de una mujer a la hora del parto, los cuales se olvidan rápidamente una vez que el niño nace. Lo mismo les iba a suceder a los discípulos: pasarían dolor, pero se regocijarían cuando Jesús viniese a ellos resucitado.

Dedica entre 8 y 10 minutos a la contemplación silenciosa del siguiente pasaje:

> Jesús, reconociendo nuestra necesidad de entender su mensaje, prometió enviar al Espíritu después de su muerte y resurrección. Su muerte traería dolor a sus discípulos, pero también traería una gran recompensa: el don del Espíritu Santo sobre el mundo. Los discípulos de Jesús estarían tristes, pero el dolor del duelo se convertiría en alegría cuando se dieran cuenta del gran don de la resurrección y de la venida del Espíritu Santo
>
> ✠ *¿Qué puedo aprender de este pasaje?*

Día 4: Partida de Jesús (16:25-33)

El lenguaje que ha utilizado Jesús hasta ahora para hacer referencia a su relación con el Padre ha sido confuso. Los discípulos no llegarán a comprender la totalidad del significado del ministerio de Jesús hasta después de su muerte y resurrección.

Hablando del Padre, les dijo que este responderá a las oraciones que hicieran en nombre de Jesús, no porque Jesús intercediera por ellos, sino porque el Padre honra el nombre del Hijo, ya que el Padre, que ama al Hijo, también ama a los discípulos que aman a Jesús y tienen fe en Él. Jesús presenta su vida siempre unida al Padre, de Él viene. Estará por poco tiempo entre los hombres y a Él regresará.

En un momento de entusiasmo los discípulos declararon ahora sí entender que Jesús venía de Dios. Pero Jesús los cuestionó: "¿Ahora creen?" (16:29) y les anunció que llegaría la hora en que cada uno se dispersaría por su lado y lo dejarían solo. Esto sucedería durante su pasión y muerte. Cristo declara que en realidad Él nunca estará solo, porque el Padre está siempre con Él. Termina este capítulo con una advertencia un tanto paradójica: "En el mundo tendrán tribulación; pero ¡ánimo!; yo he vencido al mundo" (18:33).

Lectio divina

Dedica entre 8 y 10 minutos a la contemplación silenciosa del siguiente pasaje:

> El conflicto por el que estaban pasando los discípulos se puede comparar con nuestra lucha por ser fieles a Dios. Creemos que Jesús es el Cristo, el Hijo de Dios; sin embargo, mantenernos fieles al mensaje de Jesús es difícil. Cuando nos enfrentamos a una dificultad, es cuando ser seguidor

de Cristo se convierte o en una gran ayuda o en un gran reto. Ser fiel a Cristo en las buenas es fácil. Serle fiel a la hora de la prueba, es difícil. Es una lucha diaria y de toda la vida; pero no debemos olvidar que Jesús nos ama, entiende nuestras debilidades y nos invita a seguirle de cerca.

✠ *¿Qué puedo aprender de este pasaje?*

Día 5: La oración sacerdotal de Jesús por sus discípulos (17:12-26)

Este capítulo se conoce como la "Oración sacerdotal de Jesús." En él se recoge una sentida oración de Jesús a su Padre. Inicia con Jesús alzando la vista al cielo y hablando con su Padre. Es la oración más larga que tenemos de Jesús. En ella podemos percibir la profunda relación que hay entre Jesús y el Padre, en donde el amor y la obediencia se entretejen.

Jesús proclamó, una vez más, que la hora de darle gloria se acercaba. Expresó su deseo de dar a sus discípulos la vida eterna, que consiste en conocer al único Dios verdadero y a Jesucristo, el Mesías, quien fue enviado por el Padre. Este conocimiento no es únicamente a nivel intelectual, sino que toca la parte más profunda de la vida del ser humano. El creer lleva a vivir, a entregarse. Creer cambia la vida.

Jesús oró pidiendo al Padre que le diese la gloria junto a Él, pues ya había hecho la tarea que el Padre le había encargado. Afirmó haber revelado el nombre del Padre a los hombres que "tuyos eran y tú me los has dado" (17:6). Y haber transmitido "las palabras que tú me diste" (17:8). Aunque Jesús se preocupaba por todas las personas del mundo, en ese momento su oración era por sus discípulos. Pide al Padre que los proteja y mantenga unidos "para que sean uno como nosotros" (17:11).

La afirmación hecha por Jesús "Como tú me has enviado al mundo, yo también los he enviado al mundo" (17:18) nos da una mayor comprensión de que un seguidor de Jesús es un enviado suyo al mundo, que está en él pero no pertenece a él. Casi al final, hace una oración por los suyos diciendo: "Padre, los que tú me has dado, quiero que donde yo esté, estén también conmigo, para que contemplen mi gloria, la que me has dado, porque me has amado antes de la creación del mundo" (17:24).

Lectio divina

Dedica entre 8 y 10 minutos a la contemplación silenciosa del siguiente pasaje:

Además de haber orado por sus discípulos, Jesús oró por los futuros discípulos, es decir, por nosotros, que éramos los futuros creyentes, para que viviéramos nuestra fe en unión con Él. El Padre envió a Jesús y Jesús envió a sus discípulos para dar a conocer, a toda la humanidad, su misión salvadora. ¿Lo estoy dando a conocer?

✠ *¿Qué puedo aprender de este pasaje?*

Preguntas de reflexión y repaso

1. ¿Por qué es importante en nuestra vida el Defensor, el Espíritu Santo?
2. Explica el significado de la enseñanza de Jesús sobre la vid y los sarmientos.
3. ¿Qué quiso decir Jesús cuando dijo que no dejaría a sus discípulos solos?
4. ¿Por qué el Defensor es importante en nuestra vida?
5. ¿Por qué los discípulos de Jesús no se deben asustar si son rechazados por el mundo?

La crucifxión y la resurrección de Jesús

JUAN 18-21

"Tú, sígueme." (21:22)

Oración inicial *(ver página 15)*

Contexto

Parte 1: Juan 18-20: Jesús es arrestado y llevado ante Anás para ser juzgado. Mientras tanto Pedro, al ser interrogado sobre su relación con Jesús, le niega. Posteriormente, Jesús fue llevado ante Pilato quien le preguntó si era el rey de los judíos. Al final lo condena a muerte. En la cruz, Jesús encomendó su Madre a Juan, a la vez que encomendó a su discípulo a su Madre. También en la cruz, Jesús fue traspasado por la lanza de un soldado que le abrió el costado de donde brotó sangre y agua. Cuando murió Jesús, su cadáver fue sepultado. El primer día de la semana Jesús resucitado se apareció a María Magdalena y posteriormente a sus discípulos.

Parte 2: Juan 21: Jesús resucitado se aparece por tercera vez a sus discípulos dándoles de comer, realizando un gesto eucarístico. Después de la comida, Jesús pregunta a Pedro sobre su amor, quien se lo confirma por tres veces. Finalmente Jesús pide a Pedro que lo siga.

PARTE 1: ESTUDIO EN GRUPO (JUAN 18-20)

Leer en voz alta Juan 18-20

Jesús es arrestado (18:1-14)

Después de la cena, Jesús se fue con sus discípulos al otro lado del torrente Cedrón, que pasa por un pequeño valle que se encuentra entre el Monte de los Olivos y Jerusalén. Juan no nos dice el nombre del jardín donde Jesús y sus discípulos se reunieron, pero lo sabemos por los otros evangelistas: el Huerto de los Olivos. Podemos suponer que en sus viajes a Jerusalén Jesús se quedaba con sus discípulos en el mismo lugar. Esto explicaría cómo Judas supo dónde encontrarlo.

La narración de la Pasión se inicia con el arresto de Jesús. Dicha narración, con algunas omisiones y algunas adiciones, sigue la descripción de la Pasión que se encuentra en los otros tres Evangelios. Los sacerdotes y los fariseos se acercaron con linternas, antorchas y armas a Jesús, quien les preguntó a quién buscaban. Ellos respondieron que estaban buscando a Jesús de Nazaret. Jesús les dijo: "yo soy" (18:8). Vale la pena recordar que en el Antiguo Testamento, cuando Moisés preguntó ante la zarza ardiente quién era el que lo estaba enviando al faraón, Dios respondió: "Soy el que soy. Esto dirás a los israelitas: Yo soy me envía [...] El Señor Dios de sus padres, Dios de Abraham, Dios de Isaac, Dios de Jacob [...] este es mi nombre" (Ex 3:14-15). Juan podría estar evocando ese pasaje. Ante esas palabras se nos dice que "retrocedieron y cayeron al suelo" (18:6), pues Jesús se estaba declarando Dios.

En esta escena vemos a Jesús teniendo un control total de la situación. Pedro dio un paso adelante y con su espada cortó la oreja derecha a Malco, el sirviente del sumo sacerdote. Jesús dijo a Pedro que guardara la espada, expresando así su voluntad de aceptar la copa, esto es, la misión que le había confiado el Padre. Los soldados arrestaron a Jesús y lo llevarlo a casa de Anás, el suegro de Caifás, que era el sumo sacerdote aquel año.

Pedro niega a Jesús (18:15-27)

Pedro y otro discípulo siguieron a Jesús entre la multitud. Debido a que el otro discípulo era conocido del sumo sacerdote, los dos pudieron entrar al patio de la casa. La encargada de la puerta preguntó a Pedro si no era él uno de los seguidores de Jesús. Pedro respondió: "no lo soy". Al mismo tiempo que Pedro pronunciaba su primera cobarde negación, Jesús valientemente se presentaba ante Anás quien, aunque no era el sumo sacerdote, era una figura poderosa en Jerusalén.

Durante el interrogatorio un guardia dio una bofetada a Jesús, quien serenamente replicó: "Si he hablado mal, declara lo que está mal; pero si he hablado bien, ¿por qué me pegas?" (18:23). Entonces Anás envió a Jesús atado al sumo sacerdote Caifás. Mientras tanto Pedro, que seguía junto al fuego, fue interrogado nuevamente, esta vez por un pariente de aquel a quien le había cortado la oreja en el huerto. Pedro volvió a negar ser discípulo de Jesús y en ese momento cantó el gallo.

El juicio ante Pilato (18:28-40)

Al amanecer tocó el turno de llevar a Jesús al cuartel romano, donde Pilato, el procurador, se encontró por primera vez con Jesús cara a cara. Juan nos dice que los líderes judíos no entraron al cuartel para no contaminarse y así poder participar en la Cena de la Pascua. Según la ley judía, un judío que entraba a un recinto pagano quedaba contaminado y se encontraba en una situación de impureza para comer la Pascua. Es importante hacer notar que Juan introduce un cambio en lo narrado en los otros tres Evangelios al decir que, cuando Jesús murió, el pueblo judío aún no había celebrado la Cena Pascual. Para Juan el "Cordero de Dios", Jesús, tenía que ser sacrificado al mismo tiempo que los corderos eran sacrificados para cocinarse y comerse en la Cena Pascual.

Pilato quería saber de qué acusaban a Jesús. Los líderes judíos, interpretando que Pilato ponía en duda las acusaciones que hacían contra Jesús, se defendieron diciéndole que no se lo habrían llevado si no fuese un malhechor. Ante lo cual Pilato les preguntó –lógicamente– por qué no lo juzgaban ellos, de acuerdo con la legislación judía. Los líderes judíos contestaron "nosotros no podemos dar muerte a nadie" (18:31). Por esta razón tuvieron que recurrir a la autoridad romana.

Llegó el momento en que Jesús fue presentado a Pilato, quien le preguntó: "¿Eres tú el rey de los judíos?" (18:33). Esta pregunta, que se encuentra en todos los Evangelios, parece ser la principal acusación hecha por el pueblo y los líderes judíos en contra de Jesús en el momento de su pasión. Jesús no negó ser rey y siguió hablando de la misma manera en que había hablado a lo largo del Evangelio. Afirmó que su reino era espiritual y no mundano, ya que si fuese un reino terrenal, tendría soldados que pelearían por Él para evitar que cayese en manos de sus enemigos. Pilato, quien entrevió en las palabras de Jesús un reconocimiento de su realeza, le preguntó: "Luego ¿tú eres rey? Respondió Jesús:

Sí, como dices, soy rey. Yo para esto he venido al mundo: para dar testimonio de la verdad" (18:37). Con ello dejaba claro que el propósito de su venida era manifestar la presencia de Dios en el mundo.

"¿Qué es la verdad?" (18:38a), preguntó Pilato. Dicho eso, salió a donde estaban los judíos y declaró que no había encontrado ninguna razón para condenar al reo. Para evitar mayores problemas, trató de emplear la tradición de liberar a un preso en la época de Pascua. Los gritos apoyaron la opción de soltar a un malhechor de nombre Barrabas y no a Jesús. Pilato terminó condenado a Jesús.

Jesús y su madre (19:25-27)

"Junto a la cruz de Jesús estaba su madre" (cf. 19:25), nos dice Juan en su Evangelio. Después, viendo a su madre y al lado de ella al discípulo amado, dijo: "Mujer, ahí tienes a tu hijo" y al discípulo: "Ahí tienes a tu madre" (19:26). Juan nos dice que el discípulo la recibió desde aquel momento bajo su cuidado. Con el paso del tiempo, a este pasaje se le ha dado una interpretación simbólica mucho más profunda. El discípulo amado representa a todos los discípulos amados, es decir, todos los seguidores de Jesús, de todas las épocas. Algunos comentaristas ven en este pasaje a Jesús otorgando a María el papel de Madre de la Iglesia.

Jesús es traspasado (19:31-37)

Según el Evangelio de Juan, la Pascua judía y el sábado (día de descanso judío) cayeron en el mismo día el año en que Jesús fue Crucificado. Los líderes judíos querían que los cuerpos de los crucificados fuesen retirados de la cruz antes de que empezara el sábado, esto es, al caer el sol el viernes por la tarde. Por esta razón pidieron a Pilato que les quebraran las piernas a los crucificados para que murieran antes. La razón de esto es que los crucificados, con las piernas rotas, morirían sofocados pues ya no tenían dónde apoyarse para levantarse y respirar. Como estaban colgados de los brazos, la respiración se hacía muy difícil.

Después de romper las piernas de los dos ladrones crucificados a cada lado de Jesús, los soldados decidieron no romper las piernas de Jesús porque ya estaba muerto. Un testigo afirmó que un soldado le abrió el costado con una lanza, de donde brotó sangre y agua. Muchos comentaristas e intérpretes de la Sagrada Escritura han visto en este flujo de sangre y agua un símbolo de la Eucaristía y del Bautismo, dos sacramentos centrales de la vida cristiana.

Para Juan, la manera en que murió Jesús, fue el cumplimiento de lo que anunciaba el Antiguo Testamento. Según este, en la Cena Pascual se debía sacrificar un cordero al cual "no le romperían ningún hueso" (cf. Ex 12:46). También menciona otro texto del Antiguo Testamento que dice "Mirarán al que ellos mismos atravesaron" (Zac 12:10).

Jesús resucitado se aparece a María Magdalena (20:11-18)

María Magdalena fue elegida por Cristo para ser el primer testigo de la resurrección. Nos dice el Evangelio de Juan que era el primer día de la semana, el domingo, y que todavía estaba obscuro, cuando María Magdalena fue al sepulcro donde habían puesto el cadáver de Jesús envuelto en lienzos y ungido con perfumes, según la costumbre de los judíos para sepultar a sus muertos. Al llegar se percató de que la piedra con la que habían tapado el sepulcro había sido movida.

María Magdalena permaneció llorando junto al sepulcro. Mientras lloraba, miró adentro de la tumba y vio a dos ángeles con vestiduras deslumbrantes, quienes le preguntaron por qué lloraba. María pensaba que alguien se había llevado a su Señor, a Jesús, y no sabía dónde lo habían puesto. Al dar la media vuelta se encontró de frente con Jesús, a quien confundió con el jardinero.

"Mujer, ¿por qué lloras?" (20:15), Jesús le preguntó. Ella le pidió que le dijese dónde estaba el cuerpo. Jesús la llamó por su nombre y ella lo reconoció inmediatamente, dirigiéndose a Él con el título hebreo *Rabbuni*, que significa "maestro". Esta aparición de Jesús sigue el patrón encontrado en los otros Evangelios, donde Jesús se aparece, inicialmente no se le reconoce, pero una vez que habla se sabe de inmediato que es Él. Jesús le informó que debería ir al Padre, encargándole que trasmitiese a los discípulos este mensaje: "Subo a mi Padre, el Padre de ustedes, a mi Dios, el Dios de ustedes" (20:17). Ella se apresuró a llevarles la noticia a los discípulos, diciéndoles: "He visto al Señor" (20:18).

Jesús se aparece a sus discípulos (20:19-31)

Al parecer los discípulos se habían reunido en algún lugar secreto por temor a que los líderes judíos fuesen a matarlos, como lo habían hecho con Jesús Era la tarde del primer día de la semana, el domingo, cuando Jesús se apareció en medio de ellos, a pesar de que las puertas estaban cerradas. Se dirigió a ellos con el saludo habitual: "La paz esté con ustedes" (20:19).

En esta ocasión dicho saludo tenía un significado mucho más profundo que en el pasado. Ahora los discípulos compartían los dones de la Resurrección de Cristo. Jesús mostró a los discípulos las heridas de sus manos y el costado, para que creyesen que, efectivamente, el Señor resucitado era el mismo que había vivido entre ellos y había sido crucificado. Jesús les confió una gran misión: "como el Padre me envió, también yo los envío" (20:21). Y cumplió con la promesa que les había hecho de enviarles al Espíritu Santo, soplando sobre ellos, agregando que "a quienes les perdonen los pecados les quedan perdonados; a quienes se los retengan, les quedarán retenidos" (20:23).

Tomás, que no había estado con ellos cuando vino Jesús, se negó a creer, a no ser que pudiese tocar las heridas de Jesús. Una semana más tarde, al parecer el siguiente domingo, Jesús se volvió a presentar en medio de ellos, a pesar de que las puertas estaban cerradas. En esta ocasión, Tomás estaba allí. Jesús le invitó a que tocase sus heridas y palpase su costado, añadiendo "no seas incrédulo, sino creyente" (20:27). Tomás respondió pronunciando la confesión de fe más profunda que se encuentra en el Evangelio de Juan: "Señor mío y Dios mío" (20:28). El evangelista nos dice que Jesús realizó muchas más señales en presencia de sus discípulos, que no quedaron relatadas en el Evangelio, pero que lo que quedó escrito fue para que "crean que Jesús es el Cristo, el Hijo de Dios, y para que creyendo tengan vida en su nombre" (20:31).

Preguntas de reflexión y repaso

1. ¿Cuál era el significado de las palabras "yo soy", que dijo Jesús cuando fue arrestado?
2. Discute los eventos que sucedieron durante el arresto de Jesús
3. ¿Cómo afectó a Pedro el haber negado a Jesús?
4. ¿Por qué intentó Pilato salvar a Jesús?
5. ¿Qué quiso decir Jesús cuando afirmó que su reino no era de este mundo?
6. ¿Por qué nos dejó Jesús a María, su Madre? Explica.
7. ¿Por qué los guardias no le quebraron las piernas a Jesús?
8. ¿Cuál es el significado de la sangre y el agua que brotaron del costado de Jesús?

Oración final *(ver página 15)*

Hacer la oración final ahora o después de la *Lectio divina*.

Lectio divina *(ver página 8)*

Relaja tu cuerpo y mantén una postura de oración (espalda recta, ojos cerrados, pies en el piso). Puedes tomar todo el tiempo que quieras para hacer este ejercicio, pero se considera que para los fines de este estudio bíblico, de 10 a 20 minutos es suficiente.

Las meditaciones que se proporcionan a continuación tienen como finalidad simplemente ayudar a los participantes del grupo a utilizar esta forma de oración, pero ten en cuenta que la finalidad de la *Lectio divina* es llevar a la persona a la contemplación orante, donde la Palabra de Dios hable al corazón (para mayor información, ve la página 8).

Jesús es arrestado (18:1-14)

Pasa de 8 a 10 minutos en contemplación silenciosa del siguiente pasaje:

El Card. Joseph Bernardin, de la Arquidiócesis de Chicago, con muchas de sus acciones nos dio ejemplo de lo que significa ser un verdadero discípulo de Jesús. Cuando estaba muy enfermo de cáncer, comenzó a visitar a enfermos que padecían su misma enfermedad. Un día contó que él, antes de que comenzara a hacer esas visitas, pasaba mucho tiempo pensando en su propia enfermedad; pero una vez que comenzó con las visitas, dejó de preocuparse excesivamente por sí mismo. Cuando estamos enfermos o tenemos problemas personales, tendemos a pasar la mayor parte del tiempo pensando en nosotros y en nuestro sufrimiento. Jesús nos anima a seguir su ejemplo y a pensar en los demás.

✠ *¿Qué puedo aprender de este pasaje?*

Pedro niega a Jesús (18:15-27)

Pasa de 8 a 10 minutos en contemplación silenciosa del siguiente pasaje:

El Evangelio de Juan nos presenta el retrato de dos hombres que estaban sufriendo, cada uno a su manera. Jesús, por las injurias, golpes y abandono de los suyos; y Pedro, quien vería morir a su amigo después de haberlo negado. Después de la resurrección de Jesús, nos encontramos con el nuevo Pedro, el cual estaba verdaderamente dispuesto a morir por su Maestro y con el tiempo, efectivamente, murió por Él. Lo mismo sucede en nuestras vidas: podemos ser débiles y negar de alguna manera a Cristo; pero Pedro nos muestra que no importa cuán profunda sea la caída, que hay esperanza, que uno puede llegar a convertirse en un tenaz y fiel seguidor de Jesús. Pedro nos enseña que nunca es demasiado tarde para volver a Cristo y convertirse en un discípulo totalmente dedicado a la voluntad de Dios.

✠ *¿Qué puedo aprender de este pasaje?*

El juicio ante Pilato (18:28-40)

Pasa de 8 a 10 minutos en contemplación silenciosa del siguiente pasaje:

Pilato intentó liberar a Jesús, pues no encontró culpa alguna en Él. Sin embargo, no lo hizo. Se sintió presionado por los líderes judíos. Quería tener la paz en la provincia que le tocaba gobernar. No quería problemas. Quería mantener contentas a las multitudes y por eso mandó matar a Jesús. ¡Cuántas cosas se hacen o se dejan de hacer para quedar bien con los demás! En este caso, y en muchos otros, como es el caso de los bebes abortados, la vida de un inocente es sacrificada para el bienestar de algunos.

✠ *¿Qué puedo aprender de este pasaje?*

Jesús y su madre (19:25-27)

Pasa de 8 a 10 minutos en contemplación silenciosa del siguiente pasaje:

Jesús inició su vida pública con la intervención de su Madre quien dijo a los sirvientes: "Hagan lo que él les diga" (2:5). Y en los momentos finales de su vida, su Madre volvió a estar presente, en esa ocasión al pie de la cruz, siendo testigo del terrible sufrimiento de su Hijo. Jesús volvió al Padre, pero nos dejó a un Defensor, el Espíritu Santo, y a María, su Madre, como la madre de todos. Por ello María, la Madre de Jesús, juega un papel tan importante en la vida de la Iglesia. Al haber hecho de María la madre espiritual de sus discípulos, hizo de los discípulos hijos de su madre amorosa.

✠ *¿Qué puedo aprender de este pasaje?*

Jesús es traspasado (19:31-37)

Pasa de 8 a 10 minutos en contemplación silenciosa del siguiente pasaje:

En la Celebración Eucarística, momentos antes de la Comunión, el Sacerdote hace una genuflexión, toma el pan consagrado y, sosteniéndolo un poco elevado sobre el cáliz, lo muestra al pueblo diciendo: "Este es el Cordero de Dios que quita el pecado del mundo. Dichosos los invitados a la cena del Señor". Jesús es precisamente ese Cordero sin mancha que fue sacrificado para tomar sobre sí el pecado del mundo. Ante esta extraordinaria realidad, nosotros contestamos: "Señor, no soy digno de que entres a mi casa" (a mi alma, a mi corazón, a mi cuerpo).

✠ *¿Qué puedo aprender de este pasaje?*

Jesús resucitado se aparece a María Magdalena (20:11-18)

Pasa de 8 a 10 minutos en contemplación silenciosa del siguiente pasaje:

María Magdalena fue a anunciar a los discípulos que había visto al Señor convirtiéndose en un heraldo de la resurrección. Había visto morir a Jesús en la cruz y ahora lo veía nuevamente, por tanto, había resucitado. Su primera reacción fue retener a Jesús, aferrarse a Él, no volverlo a perder. La Magdalena nos deja una gran enseñanza: cuando perdamos a Jesús, debemos buscarlo y, una vez encontrado con la ayuda de los sacramentos, de la oración y de la conversión de corazón, no dejarlo ir.

✠ *¿Qué puedo aprender de este pasaje?*

Jesús se aparece a sus discípulos (20:19-31)

Pasa de 8 a 10 minutos en contemplación silenciosa del siguiente pasaje:

Es común que en la Celebración Eucarística, durante la Consagración, algunas personas repitan las palabras de Tomás: "Señor mío y Dios mío". Con ellas afirman creer que en la Eucaristía está Jesús, y que es su Señor y Dios. Los cristianos del siglo XXI creemos sin haber visto. Así como Jesús invitó a Tomás a que tocase sus heridas, así Jesús nos invita a tocar las heridas en la vida de los demás, las heridas de aquellos que sufren física y espiritualmente. Jesús nos llama a sanar esas heridas de la mejor manera que podamos, con la certeza de que lo que hagamos por los demás, lo hacemos "con" y "por" Él.

✠ *¿Qué puedo aprender de este pasaje?*

PARTE 2: ESTUDIO INDIVIDUAL (JUAN 21)

Día 1: Jesús se aparece a siete discípulos (21:1-14)

Juan nos narra que la tercera aparición de Jesús resucitado tuvo lugar en el lago de Tiberiades, donde un grupo de los discípulos de Jesús, entre ellos algunos de sus grandes amigos como Pedro, Tomás, Natanael y los Zebedeos (Santiago y Juan), habían pasado toda la noche pescando sin ningún fruto. Juan nos refiere que al amanecer, Jesús se encontraba en la orilla del lago, pero que los discípulos no lo reconocieron. Jesús les pidió algo de comer, a lo que los discípulos contestaron que no tenían nada. Jesús les ordenó que echasen la red a la derecha de la barca. Lo hicieron y capturaron tantos peces que no podían arrastrar la red.

El discípulo amado reconoció a Jesús y le dijo a Pedro "Es el Señor" (21:7). Entusiasmado, Pedro saltó al agua vestido, buscando llegar a Jesús. Dado que la barca no estaba lejos de la orilla, los demás discípulos se acercaron para ayudarles. Mientras tanto, Jesús ya tenía listo un fuego, donde calentaba pescado y pan. Pidió que le llevasen alguno de los 153 pescados de los que acababan de sacar. Era algo insólito que, a pesar de la enorme cantidad de pescados, las redes no se hubieran roto.

Juan añade un toque humano a su historia, al presentar a Jesús invitando a sus discípulos a desayunar. Jesús tomó el pan, se lo repartió e hizo lo mismo con el pescado, haciendo un gesto eucarístico. El autor añade que esta era la tercera vez que Jesús se aparecía a sus discípulos después de su resurrección. El pueblo judío daba un valor muy especial al número tres. Consideraba que una vez que algo se había repetido tres veces, se convertía ya en algo permanente. Por tanto, esta tercera aparición de Jesús puede ser un signo de que Jesús realmente había resucitado de entre los muertos.

Lectio divina

Dedica entre 8 y 10 minutos a la contemplación silenciosa del siguiente pasaje:

> Jesús invitó a sus discípulos a desayunar. Un desayuno entre amigos es una imagen verdaderamente familiar, que denota sencillez y cercanía. Jesús les demostró a sus discípulos, y nos lo demuestra a nosotros, que se preocupa también por nuestras necesidades humanas. Él ha resucitado, pero realmente no nos ha dejado solos, sino que de una manera sencilla y callada nos ofrece su ayuda todos los días. Al igual que Jesús nos proporciona ayuda en nuestras necesidades, así nosotros también debemos ayudar en sus necesidades a los demás.

✠ *¿Qué puedo aprender de este pasaje?*

Día 2: Jesús y Pedro (21:15-19)

Después de haber comido, Jesús preguntó a Pedro sobre la sinceridad y totalidad de su amor. Tres veces hizo la misma pregunta: ¿me amas? Las dos primeras veces Pedro contestó: "Sí, Señor, tú sabes que te quiero", a lo que Jesús replicó: "Apacienta mis corderos" (21:15-16). Después de que Jesús hizo la pregunta por tercera vez, Pedro se entristeció ante la insistencia de Jesús, declarando: "Señor, tú lo sabes todo, tú sabes que te quiero" (21:17). Una vez más Jesús le dijo: "Apacienta mis ovejas" (21:17). Tres declaraciones de amor por parte de Pedro compensaron sus tres negaciones en la pasión. Jesús da a Pedro la oportunidad de arrepentirse.

En este pasaje encontramos dos enseñanzas muy importantes. Primera, que al declarar Pedro que Jesús sabía todo, profesa su fe en la divinidad de Jesús. Segunda, cuando Pedro profesa su amor a Cristo, Jesús le responde encomendándole sus ovejas y sus corderos, es decir, a la totalidad de los suyos. En adelante Pedro será también el buen pastor dispuesto a dar su vida por sus ovejas (10:11-18). Pedro no sería un asalariado, sino que siguiendo el ejemplo de Jesús, cuidaría de aquellos confiados a Él por Dios. Por lo que Pedro, el líder de los Doce, se convirtió en el Buen Pastor dispuesto incluso a dar su vida por su ovejas. Jesús le dijo que ya no viviría para sí mismo, sino que en adelante tendría una obligación para con los demás. Jesús, al terminar de hablar, le dijo a Pedro: "Sígueme" (21:19).

Lectio divina

Dedica entre 8 y 10 minutos a la contemplación silenciosa del siguiente pasaje:

Pedro negó tres veces a Jesús y tuvo oportunidad de declarar tres veces que lo amaba. En su respuesta vemos una experiencia de dolor que lo llevó a cambiar. Pero su contestación también brotó de un corazón que había llegado a reconocer que Jesús era Dios. Al rechazar a Jesús, Pedro experimentó su propia debilidad, pero también experimentó el perdón y una nueva manera de entregarse a Él, confiando más en Cristo que en sí mismo. Nosotros, al igual que Pedro, reconocemos nuestra debilidad y nuestra necesidad de que Jesús nos asista.

✠ *¿Qué puedo aprender de este pasaje?*

Día 3: El discípulo amado (21:20-25)

Ya para terminar este Evangelio, encontramos a Pedro preguntándole a Jesús sobre el discípulo amado, aquel que se había apoyado sobre su pecho durante la Última Cena y quien ha sido una figura central a lo largo de todo este Evangelio. Jesús dijo a Pedro: "Si quiero que se quede hasta que yo vuelva, ¿a ti qué? Tú sígueme." (21:22). Esta respuesta hizo que se extendiera en la Iglesia primitiva el rumor de que el discípulo amado no moriría, sino que estaría vivo hasta la segunda venida de Cristo. El autor explica que Jesús nunca dijo que no moriría. Simplemente dio una respuesta evasiva a la pregunta de Pedro.

Algunos comentaristas ven en el título de "discípulo amado" una manera simbólica de llamar a los discípulos de Jesús. Algunos de estos discípulos están llamados a ministerios de liderazgo, como Pedro, pero otros no. Sin embargo, todos estamos llamados a participar de una intimidad especial con Cristo.

El autor escribe en este último capítulo que él mismo da testimonio de estas cosas, que aquello que ha puesto por escrito es verdadero y que tuvo que tomar una decisión sobre el material que iba a presentar, ya que "hay además muchas otras cosas que hizo Jesús. Si se escribieran una por una, pienso que ni todo el mundo bastaría para contener los libros que se escribieran" (21:25).

Lectio divina

Dedica entre 8 y 10 minutos a la contemplación silenciosa del siguiente pasaje:

Pedro le preguntó a Jesús sobre qué iba a suceder con uno de los discípulos. Jesús le contestó: "¿a ti qué? Tú sígueme." (21:22). Básicamente le dijo: "tú concéntrate en seguirme, no te agobies con comparaciones sobre si tienes lo que el otro tiene –inteligencia, liderazgo, simpatía, etc. –, ¡tú sígueme! Seguir implica amar. Sigamos a Cristo porque le amamos. Él hará el resto.

✠ *¿Qué puedo aprender de este pasaje?*

Preguntas de reflexión y repaso

1. ¿Qué podemos aprender de la pesca milagrosa?
2. ¿Por qué Jesús preguntó a Pedro tres veces si le amaba? Explica.
3. ¿De qué manera somos discípulos amados de Cristo? Reflexiona sobre el amor de Dios para contigo.

Hechos de los Apóstoles

El autor de los Hechos de los Apóstoles

El libro fue escrito por el mismo autor del Evangelio de Lucas, tanto porque así lo dice el texto mismo como por la opinión de los estudiosos en cuanto a la unidad literaria. Al estudiar el estilo y los rasgos culturales de este texto, sabemos que el autor fue un escritor cristiano que hablaba griego, que escribió para cristianos de lengua griega. El autor fue un gentil, cristiano, que vivía fuera de Palestina y que, según la mayoría de los comentaristas, parece ser originario de Antioquía de Siria, ya que tenía un mayor conocimiento de Asia Menor que de la misma Palestina.

Las semejanzas entre el Evangelio de Lucas y los Hechos de los Apóstoles apuntan a que el autor de ambos libros es el mismo. Además de que, al inicio de uno y del otro, se informa que fueron dirigidos a Teófilo. Así mismo, en los Hechos se hace referencia a un libro anterior sobre Jesús el Cristo, esto es, el Evangelio de Lucas. Los Hechos de los Apóstoles comienzan donde termina el Evangelio de Lucas.

Aunque el autor de los Hechos de los Apóstoles nunca da su propio nombre, se identifica como un compañero de Pablo. En Hechos 16:10-17, el autor utiliza el término "nosotros", como si él, Pablo, y otros hubieran viajado juntos.

Comunidad a la que fue dirigido el libro de los Hechos de los Apóstoles

Los Hechos de los Apóstoles fueron escritos para el mismo tipo de público que el Evangelio de Lucas, es decir, para gentiles que abrazaron el Cristianismo. Los Hechos describen la manera en que el Cristianismo pasó de la comunidad judía, al mundo de los gentiles, así como las tribulaciones por las que tuvieron que pasar.

En este libro, se reconoce que el Cristianismo, habiendo tenido sus orígenes en el judaísmo, se había convertido en una religión profundamente arraigada en el mundo gentil, pero sus raíces y tradiciones judías se seguían respetando. Por ejemplo, todos los conversos, tanto judíos como gentiles, siguieron creyendo que las Escrituras hebreas estaban inspiradas por Dios. En general, el mayor número de conversos al Cristianismo vino del mundo gentil y no del judaísmo.

Lucas eligió el material a presentar haciendo énfasis inicialmente en la misión de Pedro y más tarde en la de Pablo, el apóstol que predicó a los gentiles. Su relato nos ayuda a entender el desarrollo histórico de la Iglesia en las primeras décadas después de la ascensión de Jesús.

Fecha y lugar de composición

Al igual que el Evangelio de Lucas, los Hechos de los Apóstoles parecen haber sido escritos alrededor del año 80 o posteriormente. En cuanto al lugar donde se escribieron, algunos estudiosos citan Antioquía, mientras que un antiguo escritor sostiene que fueron escritos en el sur de Grecia. Lo que sí se puede decir con cierta seguridad, es que fueron escritos en alguna parte del mundo donde se hablaba griego y para un auditorio que hablaba griego.

Estructura del libro de los Hechos de los Apóstoles

Comienza en Jerusalén, donde el Evangelio de Lucas termina. En él se describen los orígenes de la Iglesia y su crecimiento. Por ellos nos enteramos de cómo la fe se extendió a Judea, Samaría y al mundo gentil. Irónicamente, fue la persecución de los seguidores de Jesús, la que provocó una gran expansión de la fe, ya que estos huyeron de Jerusalén, donde se les perseguía y llevaron su fe en Cristo a lugares remotos, no judíos.

En los primeros capítulos se nos habla del ministerio de Pedro y de otros discípulos. Posteriormente, una gran cantidad de capítulos están dedicados a seguir los viajes misioneros de Pablo, para llevar la fe en Cristo a los gentiles. El libro termina con el encarcelamiento de Pablo en Roma.

Características de los Hechos de los Apóstoles

- **Papel del Espíritu Santo**

El libro subraya el papel del Espíritu Santo en la vida de la Iglesia. Al inicio del libro, Lucas recuerda a los lectores que Jesús "después de haber dado instrucciones por medio del Espíritu Santo a los apóstoles que había elegido" (1:2) fue llevado al cielo. También nos narra cómo el día de Pentecostés, el Espíritu vino a los discípulos en forma de lenguas de fuego y los discípulos salieron valientemente a predicar el mensaje de Jesús. Fue el mismo Espíritu quien logró, iluminando las mentes y los corazones de las personas que escuchaban el mensaje, que se convirtieran al Cristianismo gracias a la predicación de los discípulos de Jesús.

A lo largo del libro de los Hechos, el Espíritu Santo juega un papel importantísimo en la difusión de la fe. Se puede decir que el personaje principal de este libro es el Espíritu Santo, quien actúa a través de los discípulos de Jesús.

- **El crecimiento del Cristianismo**

En el libro de los Hechos de los Apóstoles se explica el cambio que se sucedió en la Iglesia primitiva. En los años que pasaron entre la ascensión de Jesús y la redacción de los Hechos de los Apóstoles, la Iglesia cambió rápida y dramáticamente, debido no sólo a una comprensión más clara del mensaje de Jesús por parte de sus discípulos, sino también por los retos políticos y religiosos que tuvieron que afrontar las primeras comunidades.

Los mandatos de la Ley judía sobre la circuncisión y ciertas leyes sobre los alimentos cambiaron conforme el Cristianismo fue llegando a los gentiles. Y el origen judío del Cristianismo gradualmente incorporó muchas características gentiles. La misión de los Doce se convirtió poco a poco en la misión de todos aquellos que habían recibido la autoridad para enseñar, como Pablo. Y las necesidades de la comunidad eran atendidas utilizando imaginación y creatividad, para crear ministerios que las satisficieran. Tal es el caso de los diáconos. Lucas describe estos y otros cambios que tuvieron lugar en las primeras décadas de la historia de la Iglesia.

Al presentar su mensaje sobre la difusión de la fe, el autor subraya el papel del Espíritu Santo como guía de los seguidores de Jesús, dándoles el valor y la sabiduría necesarios para compartir el mensaje de Cristo con judíos y gentiles por igual. Los Hechos nos muestran a los apóstoles dedicados de lleno a su misión. Vemos cómo Pedro, Juan y Pablo no pueden dejar de predicar el mensaje, incluso cuando esto significa sufrimiento, persecución y hasta la muerte.

- **El uso de discursos largos**

Los Hechos de los Apóstoles utilizan discursos largos para enseñar sobre Jesús y mostrar la causa de las persecuciones a sus seguidores. Pedro da un largo discurso en Pentecostés, mostrando cómo en Jesús se cumplen las profecías del Antiguo Testamento y cómo fue tratado Jesús por los líderes del pueblo judío. Como resultado de este discurso, miles de personas se convirtieron. Antes de que Esteban fuese apedreado a muerte, dio un largo discurso en el que también habló de Cristo como aquel en quien se cumplen las profecías del Antiguo Testamento. Más tarde, cuando Pablo habló ante una gran multitud, mencionó también la resurrección de los muertos.

LECCIÓN 7

Prepararse para la misión— La misión en Jerusalén

HECHOS DE LOS APÓSTOLES 1-5

Aparecieron lenguas como de fuego, que descendieron por separado sobre cada uno de ellos. Se llenaron todos de Espíritu Santo y empezaron a hablar en lenguas extranjeras, según el Espíritu les permitía expresarse (2:3-4).

Oración inicial *(ver página 15)*

Contexto

Parte 1: Hechos de los Apóstoles 1-3: Inicia el libro de los Hechos de los Apóstoles con el mandato de Jesús a sus discípulos de que permanezcan en Jerusalén hasta que reciban al Espíritu Santo. Después de pasar cuarenta días con sus discípulos, Cristo resucitado asciende a los cielos. La comunidad de los discípulos se retira al piso superior, para esperar el advenimiento de la promesa de Jesús, permaneciendo en oración hasta la llegada del Espíritu Santo marcada por viento y fuego el día de Pentecostés. La multitud se reunió alrededor de la casa buscando respuestas al suceso. Pedro salió a hablar a la gente que se encontraba reunida en Jerusalén para la fiesta de Pentecostés. Aproximadamente tres mil personas se bautizaron después de haberlo oído hablar. La comunidad de los discípulos permaneció fiel a las enseñanzas de los Apóstoles, a la oración y a la "fracción del pan". Algunos de los de fuera, viendo la unidad de la comunidad y viendo cómo se cuidaban y preocupaban unos por otros, se convirtieron en seguidores de Cristo. Pedro curó a un paralítico, para asombro de muchos. La cantidad de gente que se reunió para ver lo sucedido, ofreció a Pedro la oportunidad de dar un largo discurso, que buscaba mostrar cómo en Jesús se realizan las promesas del Antiguo Testamento.

Parte 2: Hechos de los Apóstoles 4-5: Pedro y Juan fueron milagrosamente liberados de la prisión. Después tuvieron que comparecer ante la asamblea (Sanedrín), que les ordenó no predicar más acerca de Cristo; pero Pedro y Juan afirmaron que para ellos era imposible no predicar lo que habían presenciado. Los bienes eran compartidos por la comunidad. Ananías y Safira hicieron el compromiso de compartirlos, pero mintieron y murieron por su engaño. Los apóstoles realizaron muchas señales y milagros entre el pueblo y muchos se unieron a la comunidad. Pedro y Juan fueron arrestados y milagrosamente liberados de la cárcel por un ángel; después de ello se fueron directamente a seguir predicando en el Templo. De nuevo fueron llevados ante la Asamblea, en esta ocasión fue Gamaliel quien abogó por ellos diciendo que deberían dejar que Dios resolviera la situación.

PARTE 1: ESTUDIO EN GRUPO (HECHOS DE LOS APÓSTOLES 1-3)

Leer en voz alta Hechos de los Apóstoles 1-3

La promesa del Espíritu (1:1-5)

Se puede decir que este pasaje del libro de los Hechos de los Apóstoles es el prólogo al libro, haciendo un breve resumen del Evangelio. Nuevamente Lucas dirige este su segundo escrito a Teófilo. En aquella época era común dirigir los escritos a personas importantes dentro de la comunidad. Esto no quería decir que hubiesen sido escritos para uso y lectura personal, sino para ser compartidos entre los miembros de la Iglesia naciente. Algunos comentaristas creen que el haber dirigido el libro a "Teófilo", que significa "amado por Dios", significaba que el texto tenía como destinatarios a todos aquellos amados por Dios.

Asimismo, el autor hace referencia a lo escrito con anterioridad en su primer libro, esto es, su Evangelio, en el que contaba los dichos y hechos de Jesús, terminando con su Ascensión. En este su segundo libro nos presenta la historia de la naciente Iglesia, que queda sólidamente afianzada en el ministerio de Jesús. Como nos lo muestra el Evangelio de Lucas, el Espíritu Santo tiene un papel central en la vida de Jesús y será el mismo Espíritu el que continuará actuando en la vida de la Iglesia. Se puede decir que el Espíritu Santo es el personaje principal del libro de los Hechos de los Apóstoles. Tan es así, que en esta breve introducción se habla dos veces del Espíritu Santo.

Aunque Lucas al final de su Evangelio parece decir que Jesús resucitó y ascendió el mismo día, ahora dice que Jesús se les apareció a sus discípulos durante un período de cuarenta días. El número cuarenta tenía un gran significado en la época de Lucas, ya que Moisés junto con el Pueblo Elegido deambula durante cuarenta años por el desierto después de su salida de Egipto, antes de entrar a la Tierra Prometida donde iniciaron una nueva vida. Jesús pasó cuarenta días en el desierto antes de iniciar su ministerio público. Durante los cuarenta días que transcurrieron entre la Resurrección y la Ascensión, Jesús siguió instruyendo a sus discípulos acerca del Reino de Dios.

Jesús les encargó que no se apartaran de Jerusalén y que esperasen al prometido por el Padre, aclarándoles que Juan había bautizado con agua, pero que dentro de poco ellos serían bautizados con el Espíritu Santo. El día en que se cumpliría esa promesa se aproximaba.

La ascensión de Jesús (1:6-12)

En los Hechos de los Apóstoles se nos dice que Jesús permaneció entre los suyos por cuarenta días, quedando claro que Jesús estaba vivo y que era el mismo Jesús que ellos habían conocido, con quien habían compartido comidas y cansancios, alegrías y persecuciones. Ahora se nos narra la siguiente fase de la resurrección, la ascensión de Jesús a los cielos. Jesús, quien está vivo, asciende a los Cielos, no nos deja, simplemente estará presente entre nosotros de una forma diferente: a través del Espíritu Santo.

Es curioso ver que después de todo por lo que pasó Jesús, después de todo lo que les enseñó, después de todo lo que le vieron hacer, sus discípulos seguían con la idea de un Mesías beligerante, un Mesías que devolvería al pueblo sus glorias pasadas, su independencia. Por eso le preguntaron: "Señor, ¿es en este momento cuando le vas a restablecer el Reino a Israel?" (1:6). Los discípulos no alcanzaban a comprender lo que significaba el Reino de Dios. Seguían esperando un reino según los criterios de este mundo.

Antes de ascender a los cielos, Jesús les dio un resumen de lo que sería su misión: "serán mis testigos en Jerusalén, en toda Judea y Samaría, y hasta los confines de la tierra" (1:8). Termina este pasaje con la presencia de dos personas vestidas de blanco, la forma en que se presentan a los ángeles, quienes les anuncian que, aunque Jesús les ha sido quitado y ha sido elevado al cielos, "volverá así tal como lo han visto marchar al cielo" (1:11). Y es así como comienza una nueva etapa, la vida de la comunidad de los seguidores de Jesús.

La primera comunidad en Jerusalén (1:12-14)

Regresaron a Jerusalén los apóstoles, volvieron al piso superior, que era según parece un lugar de reunión para la primera comunidad de cristianos. Lucas nombra una a uno, iniciando por Pedro. Judas, el que había traicionado a Jesús, ya no estaba. Además de los Once apóstoles, se encontraban presentes la Madre de Jesús, las mujeres que le seguían y sus parientes. Este era el núcleo de esa primera comunidad de creyentes.

Nos dicen los Hechos de los Apóstoles que "permanecían íntimamente unidos en oración" (1:14). Queda así presentada a los lectores la primera comunidad, que unida en oración de manera íntima nos deja entrever la unidad que había en ella.

Eligen al sucesor de Judas (1:15-26)

Doce eran las Tribus de Israel, significando la Antigua Alianza; Doce serían los apóstoles de la Nueva Alianza sobre los que se constituiría el nuevo pueblo de Dios, pero... ¡solo habían quedado once después de la traición de Judas! Por lo tanto, era necesario que en la constitución de la Iglesia fuesen doce los apóstoles. Había que elegir entre aquellos que habían acompañado al Señor Jesús desde el bautismo de Juan, hasta el día que fue llevado al cielo, haciendo hincapié en la importancia de que hubiese sido testigo de la resurrección.

Pedro, a quien Jesús le había encomendado confirmar en la fe a los suyos (Lc 22:32), es quien tomó la iniciativa para nombrar a aquel que sustituiría a Judas. Dos hombres fueron presentados, Barsabás y Matías. Después de haber hecho oración le pidieron al Señor, que conoce los corazones de todos, que les mostrase cuál de los dos debía ocupar el puesto dejado por el traidor Judas. Así que echaron suertes y Matías resultó elegido. Fue incorporado al grupo de los Doce. Este método de elección puede parecernos extraño a nosotros hombres y mujeres del siglo XXI; pero, en aquella época, se pensaba que en realidad Dios ya había elegido y que solamente estaba sirviéndose de ese medio para comunicárselo.

La venida del Espíritu Santo (2:1-13)

"Se les aparecieron unas lenguas como de fuego que se repartieron y se posaron sobre cada uno de ellos se llenaron todos del Espíritu Santo" (2:3-4). Con dieciocho palabras describe Lucas la llegada del Espíritu Santo, con lo cual se iniciará una nueva era para los hijos de Dios. La era de la Iglesia.

Pentecostés es el nombre (en griego) de una fiesta anual que celebra el pueblo judío. Originalmente era una fiesta para festejar la recolección de la cosecha, pero con el tiempo se convirtió en una fiesta para recordar y conmemorar el acontecimiento sucedido en el Monte Sinaí, cuando Dios le dio al pueblo la ley a través de Moisés. Esta se celebraba cincuenta días después de la Pascua, por lo tanto, era una fiesta importante en el calendario del antiguo Israel. Durante esa fiesta, judíos provenientes de tierras lejanas llegaban a Jerusalén, la ciudad santa, para celebrar en el Templo.

Fue en esos días, nos dice Lucas, cuando los discípulos de Jesús se reunieron en el piso superior y un fuerte viento irrumpió intempestivamente, llenando toda la casa. Unas lenguas como de fuego se posaron sobre los presentes. En el Antiguo Testamento el viento a menudo era vinculado con una acción de Dios, tal como lo podemos ver en el relato de la creación, cuando "y un viento de Dios aleteaba por encima de las aguas" (Gn 1:2). También al fuego se le vinculaba con la presencia de Dios, como sucedió en el Monte Sinaí que "todo el monte Sinaí humeaba, porque Yahvé había descendido sobre él en el fuego" (Ex19:18).

Como decíamos con anterioridad, en Jerusalén se encontraban reunidos infinidad de judíos piadosos venidos de todas partes para participar en la fiesta de Pentecostés. Ellos, al oír el ruido proveniente del piso superior, acudieron al lugar y oyeron hablar a los apóstoles en su propio idioma, preguntándose cómo era posible que cada uno de ellos escuchara en su propia lengua a unos galileos. Ahora, en la fiesta de Pentecostés, Dios revertió el evento de Babel (Génesis 11:1-9) y le dio a los discípulos la capacidad de ser escuchados con claridad por todos, independientemente de la lengua que hablaran.

Hoy en día seguimos conmemorando la fiesta de Pentecostés cincuenta días después de la resurrección de Jesús. Ahora festejamos la manera en que el Espíritu Santo envío a los discípulos a compartir el mensaje de Cristo con el nuevo pueblo de Dios, formado por todas las naciones y todas las culturas.

Discurso de Pedro - primera parte (2:14-21)

Lucas utiliza el recurso literario del discurso seis veces a lo largo del texto de los Hechos de los Apóstoles. De esos seis discursos, cinco fueron pronunciados por Pedro y uno por Pablo. Los discursos eran comúnmente utilizados por los discípulos de Jesús que viajaban a tierras lejanas para dar a conocer el gran mensaje de salvación.

Pedro, poniéndose de pie y levantando la voz, se dirigió a los judíos y a todos los habitantes de Jerusalén, aclarándoles que no estaban ebrios, sino que entre ellos se cumplía más bien lo anunciado por el profeta Joel (3:1-5), que hablaba sobre el Espíritu de Dios, el cual se derramaría aquel día para que profetizaran. Les dijo que se habían cumplido las profecías de los profetas de antiguo. "Jesús, el Nazareno, hombre acreditado por Dios ante ustedes con milagros, prodigios y signos que Dios realizó por su medio" (2:22). El profeta Joel utilizó imágenes como cambios en los cielos, señales en la tierra, el sol que no daría luz y la luna ensangrentada. Esas imágenes, llenas de simbolismo, son la manera que el autor utilizó para decir que Dios iba a intervenir en la Creación de alguna forma antes de que llegara el "el Día grande del Señor" (2:20). En ese día, todos los que invoquen el nombre del Señor Jesús se salvarán.

Discurso de Pedro - segunda parte (2:22-41)

En esta segunda parte del discurso, Pedro hace un resumen de la vida y mensaje de Jesús. Afirma que fue Dios quien actuó a través de Él, cuyos milagros, prodigios y señales fueron una prueba de ello. "A éste, que fue entregado según el determinado designio y previo conocimiento de Dios, ustedes lo mataron clavándolo en la cruz" (2:23). Pedro anticipaba las objeciones de personas que esperaban un Mesías diferente, un Mesías político y guerrero que se asemejara a David, un Mesías liberador. Pero Jesús, el Mesías enviado por Dios, era tan diferente que fue liberado de los rigores de la muerte por Dios. La muerte no podía mantener su dominio sobre Él

Siguió Pedro con su discurso, citando el Salmo 16, atribuido al rey David, el cual es una alabanza a Dios porque cuida de los suyos. Pedro lo utiliza como una oración de Jesús al Padre: "porque no me dejarás en la muerte [...] me llenarás de gozo en tu presencia" (cf. 22:27-28). Afirma así que Jesús es el verdadero Mesías, quien, como el salmo predijo, no fue sometido a la corrupción, sino que por el contrario, fue "exaltado a la diestra de Dios" (2:33). "La diestra" hace alusión a una posición de poder.

La respuesta de los ahí reunidos no se hizo esperar. Preguntaron: "¿Qué debemos hacer?" (22:37). En la respuesta de Pedro, resuena la dada por Juan el Bautista en el Evangelio de Lucas (3:10): "arrepiéntanse", lo cual significa "conviértanse y que cada uno de ustedes se haga bautizar en el nombre de Jesucristo, para perdón de sus pecados; y recibirán el don del Espíritu Santo" (Hch 2:38).

Termina este pasaje con la información dada por Lucas de que aquel día fueron bautizadas tres mil personas, quedando así incorporadas a la Iglesia.

Informe sobre la primera comunidad cristiana (2:42-47)

Este pasaje es uno de los tres resúmenes que Lucas hace en el libro de los Hechos de los Apóstoles sobre la vida interna de la primera comunidad cristiana que vivían en Jerusalén. Los primeros cristianos se reunían diariamente en el templo para escuchar la Palabra en común y después celebraban la Eucaristía en casas particulares.

El libro de los Hechos de los Apóstoles nos dice que los miembros de esta comunidad se reunían con frecuencia para escuchar a los apóstoles y aprender de ellos. En los más de dos mil años de vida de la Iglesia, la catequesis siempre ha tenido un lugar muy especial, ya que es el estudio de las verdades de la fe de manera ordenada, dirigido a los miembros de la Iglesia para que conozcan en qué creen y por qué.

Esta primera comunidad también formaba una "comunión", es decir, la unión entre los miembros de la Iglesia, los cuales tenían un solo corazón. De esa comunidad de corazones unidos se originarán infinidad de obras buenas. Cuando el ser humano se sabe querido y cuidado, a la vez que cuando desarrolla la capacidad de amar y cuidar a otros, se crea un vínculo o red de afectos que es capaz de subsistir infinidad de pruebas y dificultades. A este fenómeno le podemos aplicar perfectamente el refrán popular que dice "la unión hace la fuerza".

También se reunían para la "fracción del pan", nombre con el que se denominaba a la Celebración Eucarística, ya que Jesús en la Última Cena había partido –fraccionado– el pan para repartírselo a los suyos, tal y como la costumbre judía lo dictaba en la celebración de la Pascua. Finalmente, se nos dice que se reunían para hacer oración, llevando así a la práctica la exhortación del Señor de orar sin desfallecer.

La unidad y la confianza entre los miembros de la naciente Iglesia jugaron un papel muy importante. Estas permitieron, no solo la camaradería, sino la verdadera entrega de unos a otros. Vendían sus posesiones y el dinero lo dividían entre ellos, de acuerdo con las necesidades de cada uno.

Curación del paralítico (3:1-10)

Después de Pentecostés, llenos de la fuerza del Espíritu Santo, los apóstoles salieron a las calles a proclamar la Buena Nueva de Jesús y confirmaban su predicación con los milagros que hacían. En esta ocasión los Hechos de los Apóstoles nos dicen que Pedro y Juan fueron a media tarde al Templo donde había un hombre paralítico de nacimiento, quien pedía limosna a los que entraban en el Templo. Esperando recibir limosna de ellos, recibió algo muy superior: su curación por medio de Jesucristo.

Este fue el primer milagro realizado por los apóstoles. El poder de Dios actuaba a través de ellos por medio de signos visibles, que expresaban la inminente llegada del Reino de Dios. Con toda seguridad el paralítico fue el primer asombrado. Su reacción: saltar alabando a Dios. ¡Honor a quien honor merece!

Discurso de Pedro en el Templo (3:11-26)

Al darse cuenta la muchedumbre de que aquel hombre paralítico, que se sentaba a la entrada del Templo a pedir limosna, se encontraba de pie, se asombraron y rápidamente se acercaron a Pedro y Juan.

Lo primero que hizo Pedro fue aclararles que él no había sanado al paralítico con su propio poder, sino con el poder de Jesucristo. Jesús había sido glorificado por el verdadero Dios de la nación israelita, quien también era el Dios de Abrahán, de Isaac y de Jacob, los patriarcas del pueblo israelita. Esto lo dice Pedro porque la gente los consideraba sus antecesores en la fe. Por tanto, el mismo Dios que había protegido a los israelitas a través de los siglos, había glorificado a su hijo Jesús (2:13).

Siguió Pedro con su discurso echándoles en cara que fueron ellos quienes rechazaron al "santo [y] justo" (3:14), ya que Pilato les había ofrecido la oportunidad de liberar a Jesús en vez de a Barrabás. Pero Dios lo resucitó de entre los muertos, aclarándoles que ellos fueron testigos. Este discurso fue importante en su momento y lo seguirá siendo para la fe cristiana: Jesús resucitó y hubo muchos que fueron testigos de ello. No fue un invento. Se subraya que el verdadero poder con que se realizó la curación del paralítico fue el nombre de Jesús y la fe.

Pedro invitó a los presentes al arrepentimiento y a la conversión, para que sus pecados fueran perdonados "a fin de que del Señor venga el tiempo de la consolación y envíe al Cristo [...] quien debe retener el cielo hasta el tiempo de la restauración universal" (3:20-21). Utilizando unos textos de dos libros del Antiguo Testamento (Dt 18:15-19 y Lv 23:29), hizo un llamado a tener fe en Jesús, indicándoles que ellos eran herederos de los Profetas y de la Alianza que Dios otorgó a sus padres cuando dijo a Abrahán: "En tu descendencia serán bendecidas todas las familias de la tierra" (3:25). Por tanto, aquellos que no acepten el mensaje de Jesús, se excluirán a sí mismos de la promesa.

Preguntas de reflexión y repaso

1. ¿A quién se dirige Lucas al escribir el libro de los Hechos de los Apóstoles? ¿A Teófilo o cada uno de los seguidores de Jesús que ha habido, hay y habrá?
2. ¿Por qué el autor aclara que pasaron cuarenta días entre la resurrección y la ascensión de Jesús?
3. ¿Cómo podemos darnos cuenta de que los apóstoles no entendían el mensaje de Jesús antes del evento de Pentecostés?
4. ¿Por qué era importante encontrar a alguien que remplazara a Judas? Explica.
5. ¿Cómo podemos permitir al Espíritu Santo que actúe en nuestras vidas hoy en día? Explica.
6. ¿Qué podemos aplicar del discurso de Pedro a nuestras vidas?
7. ¿Cuáles son las semejanzas y las diferencias entre la primera comunidad cristiana y la nuestra?
8. ¿En qué actitudes podríamos imitar a la primera comunidad cristiana?
9. ¿Qué aprendemos de la curación del hombre paralítico a la entrada del Templo?

Oración final *(ver página 15)*

Hacer la oración final ahora o después de la *Lectio divina*.

Lectio divina *(ver página 8)*

Relaja tu cuerpo y mantén una postura de oración (espalda recta, ojos cerrados, pies en el piso). Puedes tomar todo el tiempo que quieras para hacer este ejercicio, pero se considera que para los fines de este estudio bíblico, de 10 a 20 minutos es suficiente.

Las meditaciones que se proporcionan a continuación tienen como finalidad simplemente ayudar a los participantes del grupo a utilizar esta forma de oración, pero ten en cuenta que la finalidad de la *Lectio divina* es llevar a la persona a la contemplación orante, donde la Palabra de Dios hable al corazón (para mayor información, ve la página 8).

La promesa del Espíritu (1:1-5)

Pasa de 8 a 10 minutos en contemplación silenciosa del siguiente pasaje:

Cuenta una historia de un hombre que regresó a su pueblo para asistir al funeral de su padre. Varias personas se le acercaron para contarle cómo su papa había sido una buena persona, cómo los había ayudado en momentos de dificultades económicas, cómo los había aconsejado en momentos emocionalmente difíciles y hasta que había acompañado a una joven pareja en el hospital cuando ella iba a dar a luz y no tenían familiares en el pueblo. Conmovido por las historias, se dio cuenta de cuánto bien había hecho su padre y se prometió a sí mismo que seguiría su ejemplo Lo mismo sucedió después de la resurrección de Jesús: sus seguidores reflexionaron juntos en la vida de Jesús y en su mensaje, logrando obtener un conocimiento más profundo de Dios y de su amor para con los hombres. Esto les animó a compartir el mensaje de Jesús por todo el mundo. También nosotros estamos llamados a compartir el mensaje de Jesús con el mundo al permitir que el Espíritu encienda en nuestros corazones el fuego de su amor.

✠ *¿Qué puedo aprender de este pasaje?*

La ascensión de Jesús (1:6-12)

Pasa de 8 a 10 minutos en contemplación silenciosa del siguiente pasaje:

Es curioso que la ascensión de Jesús a los cielos sea a la vez final e inicio; final de su presencia física entre los suyos, pero comienzo de una nueva manera de estar presente entre ellos. A nosotros nos cuesta trabajo entender esto, ya que en nuestra realidad terrena o se está o no se está. Jesús está entre nosotros, Él nos lo aseguró al decir que estaría siempre con nosotros hasta el final de los tiempos. Además de que antes de ascender a los cielos nos deja un encargo: ser sus testigos. Ser testigo significa decir al mundo, con nuestra vida y obras, quién es Él.

✠ *¿Qué puedo aprender de este pasaje?*

La primera comunidad en Jerusalén (1:12-14)

Pasa de 8 a 10 minutos en contemplación silenciosa del siguiente pasaje:

Lucas nos narra cómo la primera comunidad de seguidores de Jesús permanecía íntimamente unida en la oración después de la Ascensión. Gracias a esta unión pudo crecer, expandirse y conquistar más corazones para Cristo. La importancia de la unidad fue central. Y, hablando de esta, me gustaría recoger aquí una historia familiar. En casa de mis suegros se recitaba una poesía del autor argentino Luis Hernández. Mi suegro se la repetía a mi esposo y a sus hermanos. Con el paso de los años, mi esposo inició la misma tradición en nuestra casa, buscando inculcar en nuestros hijos la importancia de la unión entre ellos. He aquí la poesía:

"Los hermanos sean unidos
porque esa es la ley primera.
Tengan unión verdadera
en cualquier tiempo que sea
porque si entre ellos pelean
los devoran los de afuera".

✠ *¿Qué puedo aprender de este pasaje?*

Elección del sucesor de Judas (1:15-26)

Pasa de 8 a 10 minutos en contemplación silenciosa del siguiente pasaje:

¡Antes de la elección, oración! Debemos emprender cualquier actividad poniéndonos en manos de Dios, pidiendo su gracia y su guía para que nuestro actuar sea de acuerdo con su voluntad y siempre sea para mayor bien de los hombres y gloria de Dios y de la Iglesia. ¡Lo que bien inicia, bien acaba!

✠ *¿Qué puedo aprender de este pasaje?*

La venida del Espíritu Santo (2:1-13)

Pasa de 8 a 10 minutos en contemplación silenciosa del siguiente pasaje:

Pentecostés es el momento considerado como la "hora" del nacimiento de la Iglesia. Se inició la difusión del Evangelio con la acción del Espíritu Santo, que unificó a todas las personas para que el mensaje de Jesús se difundiera en toda la tierra. Los apóstoles recibieron al Espíritu Santo para un ministerio específico; de igual manera, todos hemos recibido algunos dones para nuestra misión particular dentro nuestra familia, la parroquia, la comunidad o lugar de trabajo. Un ejemplo muy gráfico lo podemos encontrar en los primeros años de la naciente Iglesia, cuando el Espíritu Santo le dio a Pedro los dones necesarios para ser guía de esta, mientras que a Pablo le otorgó los dones necesarios para ser apóstol entre los gentiles. El Espíritu Santo otorga dones a cada bautizado para su misión particular. Así nos los dice Pablo: "Hay diversidad de carismas, pero un mismo Espíritu" (1 Cor 12:4).

✠ *¿Qué puedo aprender de este pasaje?*

Discurso de Pedro - primera parte (2:14-21)

Pasa de 8 a 10 minutos en contemplación silenciosa del siguiente pasaje:

Después de la venida del Espíritu Santo, nos encontramos con un Pedro cambiado, un Pedro muy diferente a aquel discípulo que había negado tres veces a su Maestro. Un nuevo Pedro que surge de la vivencia de Pentecostés, que habla con autoridad como lo hacían los profetas de antiguo. ¡Lo que hace el Espíritu Santo! Es capaz de sacar lo mejor del ser humano. Es el guía de la Iglesia y el santificador de nuestras almas. ¡Ven, Espíritu Santo, ven!

✠ *¿Qué puedo aprender de este pasaje?*

Discurso de Pedro - segunda parte (2:22-41)

Pasa de 8 a 10 minutos en contemplación silenciosa del siguiente pasaje:

Cuentan que el P. Henri Nouwen, un escritor espiritual, escribió que todos nosotros tenemos necesidad de Dios en nuestras vidas y que si no satisfacemos esa necesidad, siempre sentiremos que algo nos falta.

Cuentan que había un hombre que tenía una hija como de diez años de edad, que quería convertirse en bailarina profesional. Su padre la llevaba cada domingo por la mañana a las clases de baile. Poco a poco, la fe de la pequeña quedó relegada a un segundo plano, pues el baile era más importante. Su papá pensaba que convertirse en bailarina profesional le traería más felicidad en el "mundo real" que ir con la comunidad a adorar al Señor en su día. Si el P. Nouwen está en lo correcto, la niña eventualmente llegará a ser una bailarina excepcional, pero posiblemente habrá momentos en los que sentirá que algo le falta, pues nunca tuvo oportunidad de experimentar lo que significa satisfacer la "necesidad de Dios".

En su discurso, Pedro presentó un breve resumen de los fundamentos de nuestra fe cristiana: creemos que Jesús murió, resucitó, ascendió y a continuación envió al Espíritu Santo. Recordamos estos eventos cada vez que celebramos el sacramento del Bautismo, que es el inicio de nuestra vida cristiana, cuando recibimos por primera vez al Espíritu de Dios. Recordemos que el Bautismo es un compromiso para vivir como vivió Jesús y amar como Jesús amó. Es una invitación que nos conducirá a experimentar lo que significa satisfacer la "necesidad de Dios."

✠ *¿Qué puedo aprender de este pasaje?*

Informe sobre la primera comunidad cristiana (2:42-47)

Pasa de 8 a 10 minutos en contemplación silenciosa del siguiente pasaje:

Vivían "alabando a Dios y gozando de la simpatía de todo el pueblo" (2:47), nos dice el libro de Hechos de los Apóstoles acerca de la primera comunidad cristiana. Pero, ¿de dónde salió esa primera comunidad? Según los Evangelios, Jesús pasó una gran parte de su tiempo viajando con sus discípulos y enseñándoles, pero sobre todo eligió a los Doce como sus compañeros estables. En el momento de su ascensión, Jesús había establecido una comunidad de discípulos que podía seguir difundiendo sus enseñanzas. Esta tendría que soportar conflictos, malentendidos, rechazo, miedo e incluso la muerte. Todo por la fe. En sus reuniones para escuchar a los Apóstoles, orar y participar en la "fracción del pan" (la Celebración Eucarística), encontraban la fuerza necesaria para salir al mundo a predicar y hacer el bien. En este pasaje se nos presenta el alto ideal que Jesús tenía en mente para su comunidad.

✠ *¿Qué puedo aprender de este pasaje?*

Curación del paralítico (3:1-10)

Pasa de 8 a 10 minutos en contemplación silenciosa del siguiente pasaje:

Este es un pasaje hermosísimo. Pedro le da al paralítico lo que tiene, a Jesucristo, cuyo valor no se compara con el de unas cuantas monedas, que era lo que aquel paralítico pedía. Nos podemos preguntar si muchas veces no cambiamos a Jesucristo por cosas de mucho menos valor.

✠ *¿Qué puedo aprender de este pasaje?*

Discurso de Pedro en el Templo (3:11-26)

Pasa de 8 a 10 minutos en contemplación silenciosa del siguiente pasaje:

Hablando de Jesús, Pedro, después de haber curado al paralítico en el Templo, dijo: "ha resucitado Dios a su siervo y le ha enviado para bendecirlos, apartándolos a cada uno de sus iniquidades" (3:26). La pregunta en nuestro caso podría ser: ¿Si hubiéramos estado esa tarde en el Templo, le habríamos creído a Pedro, que aquel hombre que había sido crucificado era el Mesías esperado? Posiblemente ahora es mucho más fácil creer en Jesús. Tenemos dos mil años de tradición y de enseñanzas, así como los Evangelios y las Cartas de Pablo. ¿Cuál habría sido nuestra reacción al oír las palabras de Pedro?

✠ *¿Qué podemos aprender de este pasaje?*

Día 1: Pedro y Juan ante el Sanedrín (4:1- 22)

En este capítulo se inicia una nueva etapa dentro de la Iglesia naciente, la cual seguirá siendo de gran trascendencia hasta el final del libro de los Hechos de los Apóstoles y que se prolongará hasta nuestros días. Estamos hablando de la persecución. Trasladémonos por un instante a ese momento de la historia, cuando Pedro y Juan fueron llevados ante un grupo de líderes religiosos de Jerusalén para hacerlos comparecer. Habían pasado la noche en la cárcel por haber anunciado que Jesús había resucitado de entre los muertos. De esa predicación el número de seguidores de Jesús subió a cinco mil.

Nos dice el libro de los Hechos de los Apóstoles que se habían reunido los jefes, los ancianos y los letrados, además de Anás, Caifás y otros. Cuando le preguntaron a Pedro que con qué autoridad predicaba, este aprovechó la ocasión para dar su tercer discurso. Afirmó que el paralítico había sido sanado en nombre de Jesucristo, a quienes ellos habían crucificado y Dios lo había resucitado de entre los muertos. En ningún otro se encuentra la salvación; "porque no hay bajo el cielo otro nombre dado a los hombres por el que nosotros debamos salvarnos". (Hch 4:12).

¿Qué haremos con estos hombres? Esa era su preocupación, ya que no querían que se difundieran entre el pueblo sus enseñanzas. Llegaron a la conclusión de que los amenazarían. Cuando los hicieron entrar de nuevo, les prohibieron hablar y enseñar en nombre de Jesús. Ante ello, la respuesta de Pedro no se dejó esperar: "Juzguen si es justo delante de Dios obedecerles a ustedes más que a Dios. No podemos nosotros dejar de hablar de lo que hemos visto y oído" (4:19-20).

Los dejaron en libertad porque no encontraron forma de castigarlos, ya que temían al pueblo que daba gloria a Dios por lo sucedido. Es posible que al lector le parezca extraño el último versículo de este pasaje, el cual sostiene que el paralítico curado tenía más de cuarenta años. Esto lo hacía, de acuerdo con la manera de pensar judía, un testigo fiable de su propia curación.

Lectio divina

Dedica entre 8 y 10 minutos a la contemplación silenciosa del siguiente pasaje:

El valor y convicción con la que Pedro y Juan defendieron su misión de predicar el nombre de Jesús ante los ancianos y demás hombres prominentes del pueblo judío, es de admirarse. ¿Qué habría sido de nosotros si ellos se hubiesen asustado y replegado? A estos primeros valerosos hombres y mujeres les debemos nuestra fe cristiana.

✠ *¿Qué puedo aprender de este pasaje?*

Día 2: Oración de la comunidad (4:23-31)

Una vez dejados en libertad, Pedro y Juan se reunieron con los demás seguidores de Jesús. Les pusieron al tanto y comenzaron a orar, como nos dice el libro de Hechos, "a una voz" (4:24). Su oración refleja los sentimientos de la comunidad. Es una oración hecha ante la persecución, permeada de sentimientos de temor y aprensión; pero a la vez de confianza y total entrega a la misión: "Y ahora, Señor, ten en cuenta sus amenazas y concede a tus siervos proclamar tu palabra con toda valentía" (4:29). En un momento en que otros se habrían retirado, ellos se llenan de valor. Una vez más la presencia del Espíritu Santo fue puesta de manifiesto, ya que al terminar de orar, tembló el lugar donde estaban reunidos, se llenaron del Espíritu Santo y proclamaron la Palabra de Dios con total libertad y franqueza.

Lectio divina

Dedica entre 8 y 10 minutos a la contemplación silenciosa del siguiente pasaje:

Cuando los cristianos defienden el mensaje de Jesús ante aquellos que no lo entienden o no lo quieren entender, es creencia de la Iglesia que el Espíritu Santo inspira, no solo a los que hablan, sino también a los que oyen el mensaje, aunque su acción no vaya acompañada de signos como el viento o las lenguas de fuego. Él no está atado a esa presencia física, Él actúa cuándo y cómo quiere. Por lo general llega de forma silenciosa, tan suave que se le ha llamado el "Dulce Huésped del alma". No violenta nuestra libertad, sino más bien susurra a nuestra conciencia dejándonos siempre en libertad de actuar. Su presencia puede pasar a menudo desapercibida, pero es Él quien actúa como cuando somos capaces de ayudar a alguien con nuestras palabras de consuelo en tiempos difíciles. Su acción es silenciosa pero efectiva.

✠ *¿Qué puedo aprender de este pasaje?*

Día 3: Comunidad de bienes (4:32-37)

Este pasaje nos muestra un comportamiento cristiano muy bello. Nos dice cómo actuaban los cristianos en la primera comunidad: tenían "un solo corazón y una sola alma" (4:32); "todo lo tenían ellos en común" (4:32); "daban testimonio de la resurrección del Señor Jesús con gran poder" (4:33); "no había entre ellos ningún necesitado (4:34); Los apóstoles repartían "a cada uno según su necesidad" (4:35).

Probablemente la motivación de algunos al vender sus posesiones era la creencia generalizada de que Jesús volvería en cualquier momento; para otros posiblemente se trataba de la certeza de que Dios proveería y los cuidaría, sin importar cuánto tardaría en llegar. Independientemente de la motivación para compartir sus bienes con los demás, su buen ejemplo dio frutos y su caridad ayudó a infinidad de personas.

Lectio divina

Dedica entre 8 y 10 minutos a la contemplación silenciosa del siguiente pasaje:

Aquí recordamos a la viuda del Evangelio a quien Jesús alabó por haber depositado en el tesoro del Templo todo aquello que tenía para vivir. No se trataba de cantidad, sino de totalidad. En un mundo que mide por cantidad, recordemos que para Dios lo que importa es la totalidad. Totalidad de amor, de fe, de entrega, de caridad.

✠ *¿Qué puedo aprender de este pasaje?*

Día 4: Ananías y Safira (5:1-12)

En el pasaje anterior, el libro de Hechos nos habló de Bernabé, quien vendió un campo que tenía y puso el dinero a disposición de los apóstoles. Ahora nos encontramos con una pareja, Ananías y su esposa Safira, quienes al vender una propiedad no entregaron la totalidad de lo recaudado por la venta a los Apóstoles, sino que se quedaron con una parte. El problema fue la mentira. Esta actitud fue vista como mentir al Espíritu Santo, a quien la comunidad representa visiblemente.

La historia es narrada de forma dramática. Los dos mueren repentinamente como consecuencia de su engaño a la comunidad. No debemos detenernos en el aspecto dramático de la historia, sino que debemos llegar hasta la enseñanza. Esta historia buscaba poner en guardia a la comunidad en contra de la mentira, la corrupción y el acaparamiento de dinero, reflejando cómo aquella primera comunidad tomaba con seriedad su compromiso cristiano.

Lectio divina

Dedica entre 8 y 10 minutos a la contemplación silenciosa del siguiente pasaje:

Un hombre ateo habló una vez ante una multitud que se manifestaba buscando quitar el nombre de Dios de los edificios públicos y de los documentos. Explicó que él había recibido el Bautismo, la Confirmación y la Eucaristía cuando era un joven adulto; pero que más tarde había encontrado que las exigencias de la vida cristiana eran muchas y algunas arcaicas. Admitió que, a pesar de haber sentido alguna vez el deseo de creer en Cristo y seguir su mensaje, en realidad nunca se había comprometido totalmente con Él. Lo mismo sucedió con Ananías y Safira, quienes inicialmente recibieron dones y gracias de Cristo; pero más tarde sintieron que el sacrificio era demasiado grande y abandonaron su compromiso.

✠ *¿Qué puedo aprender de este pasaje?*

Día 5: Señales y milagros de los Apóstoles (5:12-16)

En este pasaje, Lucas nos presenta el tercer informe de cómo se desarrollaban las cosas en la comunidad de los primeros creyentes. Es a través de milagros y de todo tipo de señales o signos que el Evangelio va penetrando en la sociedad. Nos dice que "Los creyentes cada vez en mayor número se adherían al Señor, una multitud de hombres y mujeres... hasta el punto de sacar los enfermos a las plazas y colocarlos en lechos y camillas, para que, al pasar Pedro, siquiera su sombra cubriese a alguno de ellos" (5:14-15).

Lectio divina

Dedica entre 8 y 10 minutos a la contemplación silenciosa del siguiente pasaje:

El poder de la fe queda claramente demostrado en este pasaje. Podemos ver la fe de los apóstoles y la fe de la comunidad, animada por el Espíritu Santo, quien a través de los siglos ha alentado y ayudado a la Iglesia a sobrevivir. Muchos han sido y serán los problemas y crisis por los que pasamos. Lo importante es que nos sigamos reuniendo a orar en comunidad, tal y como lo hicieron aquellos miembros de la primera comunidad cristiana.

✠ *¿Qué puedo aprender de este pasaje?*

Día 6: Señales y milagros de los Apóstoles (5:17-42)

El sumo sacerdote y todos sus compañeros, a quienes Lucas identifica como los saduceos, se oponían a los apóstoles, ya que temían les fuesen a quitar su rol de liderazgo dentro de la comunidad. Qué errados estaban. Los apóstoles solo querían proclamar el nombre de Jesús a todos. Por ello fueron arrestados y encarcelados. Lo que parecía una pérdida para los apóstoles, se convirtió en una ganancia, ya que milagrosamente, por una intervención celestial, fueron liberados durante la noche por un ángel. El mensajero divino les encargó: "vayan, preséntense en el Templo y comuniquen al pueblo todo lo referente a esta Vida" (5:20).

A la mañana siguiente, muy temprano, se pusieron a enseñar. Alguna persona que no conozca la urgencia y la grandeza del mensaje de Jesús se preguntará: ¿Qué no entendían estos hombres? ¡Qué necedad! Gracias a Dios, los Apóstoles sí veían la premura y la importancia de proclamar a Jesucristo resucitado. Una vez más fueron arrestados y llevados ante el Consejo para ser juzgados. De inmediato les preguntaron acerca de la prohibición que les habían hecho en contra de la predicación de Jesús. Pedro y los apóstoles replicaron: "hay que obedecer a Dios antes que a los hombres" (5:29).

Siguió Pedro explicándoles cómo el Dios de sus antepasados había resucitado a Jesús de entre los muertos, a quien ellos habían matado colgándolo de un madero. Es en este contexto en el que Pedro se refiere por primera vez a Jesús como "salvador" (5:31). Los miembros de la asamblea (Sanedrín) se enfurecieron y los condenaron a muerte. Pero Gamaliel, un fariseo miembro del Sanedrín, se dirigió a la asamblea diciendo: "Israelitas, miren bien lo que van a hacer con estos hombres" (5:35). Y continuó explicando cómo, con anterioridad, un par de veces habían surgido líderes a quienes cientos de personas seguían, pero cuando morían, sus seguidores se dispersaban. "Ahora, pues, les digo: Desentiéndanse de estos hombres y déjenlos. Porque si este plan o esta obra es de los hombres, fracasará; pero si es de Dios, no conseguirán destruirlos. No sea que se encuentren luchando contra Dios" (5:38-39).

Después de las palabras de Gamaliel, llamaron a los apóstoles, los azotaron y los dejaron ir. Estos se marcharon "contentos por haber sido considerados dignos de sufrir ultrajes por el Nombre (5:41). Y no dejaron de enseñar y anunciar la Buena Noticia todo el día, en casas o en el Templo".

Lectio divina

Dedica entre 8 y 10 minutos a la contemplación silenciosa del siguiente pasaje:

El episodio de los apóstoles ante el Sanedrín, solo sirvió para fortalecer en los miembros de la Iglesia primitiva la decisión de predicar a Jesús, el Mesías, no solo en el Templo, sino también en sus propios hogares. Este es un llamado a nosotros a hacer también lo mismo. Muchas veces es más fácil hablar de Dios a otros que a los propios. En esos casos no hay como acudir a la oración y al sacrificio. Que sean estos los medios con que acerquemos a Dios a aquellos que no quieren oír de Él. Una sabia mujer decía que a los niños chicos hay que hablarles mucho de Dios y que hay que hablarle mucho a Dios de los niños grandes.

✠ *¿Qué puedo aprender de este pasaje?*

Preguntas de reflexión y repaso

1. ¿Qué podemos aprender de Pedro y Juan cuando fueron presentados y acusados ante la Asamblea de los ancianos y de los letrados?
2. ¿Qué podemos aprender de la forma en que la naciente Iglesia se comportaba?
3. ¿Qué piensas de la vida comunitaria de los primeros cristianos, de manera particular del hecho de que pusieran sus bienes al servicio de los demás?
4. ¿Cómo estamos llamados los cristianos de hoy a construir una comunidad?
5. ¿Crees que los milagros y hechos extraordinarios atribuidos a los apóstoles en la Iglesia primitiva se dan en el mundo de hoy? Explica.
6. ¿Por qué era tan importante que Pedro siguiera predicando a Jesús resucitado por Dios?
7. ¿Qué piensas de la intervención de Gamaliel?

La persecución en Jerusalén— La misión en Samaría y Judea

HECHOS DE LOS APÓSTOLES 6-10

"Le arrastraron [a Esteban] fuera de la ciudad y empezaron a apedrearle. Los testigos depusieron sus mantos a los pies de un joven llamado Saulo. Mientras lo apedreaban, Esteban hacía esta invocación: 'Señor Jesús, recibe mi espíritu'" (7:58-59).

Oración inicial *(ver página 15)*

Contexto

Parte 1: Hechos de los Apóstoles 6-8: Los judíos venidos de las colonias judías fuera de Jerusalén se quejaron de que sus viudas estaban siendo ignoradas. Los Apóstoles eligieron a siete hombres para que las atendieran mientras ellos se dedicaban a la oración y al ministerio de la Palabra. Esteban, diácono y uno de los siete elegidos, fue acusado ante el Sanedrín. Esteban responde con un discurso que hace enojar a sus acusadores. El discurso hace un recorrido por la historia de salvación del pueblo judío, comenzando con la promesa de Dios a Abraham, en la cual queda estipulada la circuncisión que sería el pacto entre Dios y los descendientes de Abraham. Esteban les recordó cómo llegaron a ser esclavos en Egipto y cómo Dios eligió a Moisés para liberarlos. Sus acusaciones le valieron el ser acusado, arrastrado fuera de la ciudad y apedreado hasta la muerte. Después de la muerte de Esteban, Saulo (Pablo) siguió con la persecución de los cristianos para encarcelarlos. Lucas describe la actividad misionera en Samaría mediante el ministerio de Felipe, quien realizaba hechos milagrosos acercando a los samaritanos a Cristo. Cuándo Pedro y Juan escucharon sobre las conversiones en Samaría, fueron allí y se encontraron con Simón, un converso a Cristo que era mago, que buscaba adquirir por medio de dinero el poder de los apóstoles. Pedro se enoja con él y este se arrepiente. Un ángel lleva a Felipe al encuentro con un etíope, al que bautiza.

Parte 2: Hechos de los Apóstoles 9-10: Inicia una nueva etapa dentro de la narración con la conversión de Pablo después del incidente en el camino de Damasco. Pablo es bautizado y se dirige a Jerusalén a presentarse a los Apóstoles por medio de Bernabé, buscando la unidad de la comunidad y el permiso de los apóstoles para predicar sobre Jesús. Pedro sigue con su ministerio como misionero itinerante que pasa haciendo el bien. El capítulo 10 en su totalidad está dedicado a Pedro y a Cornelio, un personaje no judío que termina por ser bautizado junto con los suyos, mientras que Pedro llega a comprender que el mensaje de Jesús era para todos: judío y gentiles.

PARTE 1: ESTUDIO EN GRUPO (HECHOS DE LOS APÓSTOLES 6-8)

Leer en voz alta Hechos de los Apóstoles 6-8

La institución de los siete (6:1-7)

La comunidad aumenta y las necesidades también. Se trata de una comunidad mixta, formada por judíos que habían decidido seguir a Jesús, y por judíos que habían nacido y vivido fuera de Jerusalén y que habían estado en contacto por generaciones con la cultura griega (conocidos también como "helenistas"), quienes también habían decidido seguir a Jesús. El problema: las viudas griegas quedaban desatendidas en la distribución diaria de los alimentos.

Había que encontrar una solución al problema. Los Doce convocaron a todos los discípulos y les dijeron: "No está bien que nosotros abandonemos la palabra de Dios por servir a las mesas. Por tanto, hermanos, busquen de entre ustedes a siete hombres, de buena fama, llenos de Espíritu y de saber, y los pondremos al frente de esa tarea" (6:2-3). De esa forma, los Doce podían seguir dedicándose a la oración y al ministerio de la palabra.

Eligieron a siete. Los Apóstoles les impusieron las manos, signo que tiene un gran significado en las Sagradas Escrituras, ya que aquellos que imponen las manos comunican el Espíritu a aquellos a quienes les son impuestas. Les otorgaron así una misión. Hoy en día las manos siguen siendo impuestas en la celebración de varios sacramentos.

Solucionado este problema, termina este pasaje con una observación muy alentadora: "La palabra de Dios iba creciendo; el número de los discípulos se multiplicaba considerablemente en Jerusalén; también una gran multitud de sacerdotes iba aceptando la fe" (6:7). Al hablar de sacerdotes se refiere a sacerdotes judíos que llegaban a comprender quién era Jesús y decidían abrazar sus enseñanzas.

Esteban es acusado (6:8-15)

Esteban es el primer mártir cristiano. Su muerte es relatada por los Hechos de los Apóstoles y nos narra cómo su muerte sucedió de forma similar a la de Jesús. Veamos las semejanzas. Primero se nos dice que: "Esteban, lleno de gracia y de poder, realizaba grandes prodigios y signos entre el pueblo" (6:8), al igual que Jesús. En la Sinagoga no podían rebatir la sabiduría y el espíritu con que hablaba, al igual que Jesús. Sobornaron a unos hombres para que, mintiendo, hicieran posible acusarlo de blasfemia. Lo mismo sucedió con Jesús.

Por último, Lucas menciona que durante el juicio al que fue sometido, su rostro brillaba. Menciona que "fijando en él la mirada todos los que estaban sentados en el Sanedrín, vieron su rostro como el rostro de un ángel" (6:15). En el libro del Éxodo, el autor habla de una experiencia similar en la que el rostro de Moisés resplandecía, después que haber visto a Dios (34:29-35).

El discurso de Esteban (7:1-53)

Esteban fue llevado al Consejo, acusado de blasfemia, acusación gravísima. Cuando el Sumo Sacerdote lo interrogó, Esteban tomando la palabra respondió: "Hermanos y padres, escuchen. El Dios de la gloria se apareció a nuestro padre Abrahán cuando estaba en Mesopotamia, antes de que se estableciese en Jarán y le dijo: Sal de tu tierra y de tu parentela y vete a la tierra que yo te muestre" (7:2-3). Con esas palabras inicia el discurso más largo de los Hechos de los Apóstoles. Leerlo para nosotros es hacer un recorrido por la historia de la salvación del pueblo judío.

En su discurso recorrió las diferentes etapas de la historia del pueblo judío, iniciando con la época de los patriarcas, donde habló sobre Abrahán, Isaac, Jacob, José y los doce patriarcas. Después pasa a la época de Moisés, narrando la vida de este, el llamado de Dios para que liberase a su pueblo de la esclavitud de Egipto, la salida del pueblo de Egipto, el paso por el mar Rojo. Moisés fue el que recibió "palabras de vida" (7,38) en el Monte Sinaí. El discurso termina con la época del Templo, cuando David solicita el permiso para construir la "morada de Dios" (7:46) y cómo finalmente fue Salomón quien la construyó.

El discurso termina con estas palabras: "¡Duros de cerviz, incircuncisos de corazón y de oídos! ¡Ustedes siempre ofrecen resistencia al Espíritu Santo! ¡Como sus padres, así ustedes!" (7:51). Los acusa de haber matado a los que profetizaban la venida del Justo, al mismo que ahora han entregado y asesinado; además, no han cumplido la ley.

El martirio de Esteban (7:54-60)

Esteban logró con sus palabras que los miembros del Consejo comprendieran lo que habían hecho: habían entregado y asesinado al Justo, a Jesús. Su reacción fue explosiva, se enfurecieron y rechinaron los dientes. Mientras que Esteban, lleno del Espíritu Santo y fijando su vista en el cielo, exclamó: "Estoy viendo los cielos abiertos y al Hijo del hombre de pie a la diestra de Dios" (7:56). Ante esa afirmación, los miembros del Consejo comenzaron a gritar, tapándose los oídos y arrojándose sobre él. Lo arrastraron fuera de la ciudad y lo apedrearon.

Lucas introduce en su narración a una persona que más adelante jugará un papel especialísimo en la historia de la naciente Iglesia y en la profundización del mensaje de Jesús. Se trata ni más ni menos que de san Pablo, quien en aquel momento fue testigo del martirio de Esteban ya que, a sus pies habían dejado sus mantos aquellos que lo apedreaban. Esteban, antes de morir, y a imitación de su adorado Maestro, dijo: "Señor Jesús, recibe mi espíritu" (7:59). Y poniéndose de rodillas, gritó con voz potente: "Señor, no les tengas en cuenta este pecado" (7:60).

Persecución y predicación en Samaría (8:1-8)

A raíz del discurso de Esteban acusando al Consejo, inició la persecución contra aquella primera comunidad cristiana. Nos dicen los Hechos de los Apóstoles que fue una persecución "violenta". Qué paradoja, los jefes religiosos buscaban a toda costa silenciar a los seguidores de Jesús y lo que hicieron, en realidad, fue ayudar a la expansión del cristianismo, ya que muchos cristianos salieron huyendo de Jerusalén y se fueron al territorio de Judea y Samaría, donde predicaron la Buena Nueva. Algunos hombres piadosos sepultaron a Esteban, convirtiéndose así en el primer mártir cristiano, pues un mártir es aquel que da la vida por su fe.

Felipe, yéndose a Samaría, contribuyó a la propagación de la fe cristiana. La multitud lo escuchaba con atención y veían las señales que realizaba. Una vez más vemos la similitud entre las acciones de Jesús y las de Felipe. Nos dicen los Hechos de los Apóstoles que: "espíritus inmundos dando grandes voces, y muchos paralíticos y cojos quedaron curados" (8:7). Y la ciudad se alegraba ante estos hechos.

Antes de seguir adelante, conviene que nos detengamos un momento en la segunda aparición de san Pablo en este libro. Se nos dice que: "Saulo hacía estragos en la Iglesia; entraba por las casas, se llevaba por la fuerza hombres y mujeres, y los metía en la cárcel" (8:3). Es importante aclarar que en ese momento de la historia, Saulo perseguía a los cristianos, buscando restablecer la hegemonía de la religión judía. Más adelante, en este mismo libro, veremos su conversión.

Simón el mago (8:9-25)

Viendo los apóstoles que en Samaría Felipe había enseñado y muchos habían aceptado la Palabra de Dios, decidieron enviar a Pedro y a Juan para que les impusieran las manos y recibieran al Espíritu Santo, porque hasta ese momento solo habían estado bautizando en nombre del Señor Jesús. El viaje de esos dos apóstoles nos muestra cómo el don de Dios se estaba difundiendo desde Jerusalén hacia todo el mundo.

Había en la ciudad un hombre llamado Simón, que era mago, quien por mucho tiempo había complacido a los habitantes de la ciudad con su magia. Al conocer a Felipe y oírlo hablar sobre: "la Buena Nueva del Reino de Dios y el nombre de Jesucristo" (8:12), se bautizó al igual que todos los hombres y mujeres.

Cuando llegaron Pedro y Juan a la ciudad, el mago Simón se dio cuenta de que: "mediante la imposición de las manos de los apóstoles se daba el Espíritu" (8:18). Les ofreció dinero para que le dieran a él el poder de conferir el Espíritu Santo. La reacción de Pedro no se hizo esperar: furioso, le dijo que el don de Dios no se compra con dinero, que Dios no aprobaba su actitud y que se arrepintiera. Más tarde, a la práctica de pagar dinero para recibir algún beneficio dentro de la Iglesia, se le conocerá como "simonía", una palabra derivada de esta historia de Simón.

Después de este incidente regresaron a Jerusalén y por el camino iban anunciando la Buena Nueva.

Felipe y el etíope (8:26-40)

Fue el Ángel del Señor quien condujo a Felipe hacia el sur, hacia un camino desértico que lleva de la ciudad de Jerusalén a Gaza. Por ese camino circulaba en su carreta un ministro de la Reina Candaces de Etiopía. Dicho ministro era quien administraba sus bienes. Volvía después de haber estado en peregrinación en Jerusalén.

La fe siempre se ha difundido de acuerdo con los planes de Dios y no de acuerdo con los de los hombres. Así vemos cómo el Espíritu una vez más volvió a actuar, llevando a Felipe junto a la carreta del etíope. Este no era judío, pues iba leyendo la profecía de Isaías (57:7) y no la entendía. El etíope pregunta si el profeta está hablando de sí mismo o de otro cuando dice: "Fue llevado como una oveja al matadero; y como cordero, mudo delante del que lo trasquila, así él no abre la boca" (8:32). Felipe aprovechó la oportunidad para explicarle la Buena Nueva de Jesús (8:35) y fue tanta la impresión que causó en él, que decidió pedir el Bautismo. Vemos así cómo la Buena Nueva y el Bautismo estaban llegando cada vez más a otros pueblos.

Lo que sucedió a continuación es una de las profesiones de fe más contundentes de toda la Escritura. Ante la pregunta de Felipe sobre sí creía de todo corazón, el etíope contestó: "Creo que Jesucristo es el Hijo de Dios" (8:37) y fue bautizado. Al salir del agua, una vez más el Espíritu, personaje principal de los Hechos de los Apóstoles, arrebató a Felipe, mientras que el etíope siguió muy contento su viaje.

Felipe apareció por Azoto, llegando hasta Cesarea, siempre anunciando la Buena Nueva de Jesús. A Felipe verdaderamente le podemos dar un reconocimiento especial por su labor apostólica.

Preguntas de reflexión y repaso

1. ¿Cómo fueron elegidos los siete hombres que se dedicarían al servicio de las viudas?
2. ¿Qué buscaba explicar Esteban con su largo discurso?
3. ¿Por qué se considera a Esteban como el primer mártir cristiano?
4. ¿Por qué Lucas presenta a Saulo, es decir, a Pablo, cuidando las capas de los que apedreaban a Esteban?
5. ¿De qué forma impactó al cristianismo el martirio de Esteban? Explícalo con tus propias palabras.
6. Compara y contrasta la muerte de Esteban con la muerte de Jesús. ¿En qué se parecen y en qué son diferentes?

7. ¿Por qué Saulo perseguía a los cristianos con tanta saña, hasta el punto de sacarlos con violencia de sus casas y encarcelarlos?
8. ¿Por qué es tan importante la misión de Felipe en Samaría?
9. ¿Qué significado tiene la "imposición de manos"?
10. ¿Quién era Simón el mago? ¿En qué consiste el pecado de simonía?
11. ¿Qué nos enseña el encuentro de Felipe con el etíope acerca de la Escritura?
12. ¿Qué nos enseña la conversión del etíope sobre el papel del Espíritu Santo?

Oración final *(ver página 15)*

Hacer la oración final ahora o después de la *Lectio divina*.

Lectio divina *(ver página 8)*

Relaja tu cuerpo y mantén una postura de oración (espalda recta, ojos cerrados, pies en el piso). Puedes tomar todo el tiempo que quieras para hacer este ejercicio, pero se considera que para los fines de este estudio bíblico, de 10 a 20 minutos es suficiente.

Las meditaciones que se proporcionan a continuación tienen como finalidad simplemente ayudar a los participantes del grupo a utilizar esta forma de oración, pero ten en cuenta que la finalidad de la *Lectio divina* es llevar a la persona a la contemplación orante, donde la Palabra de Dios hable al corazón (para mayor información, ve la página 8).

La institución de los siete (6:1-7)

Pasa de 8 a 10 minutos en contemplación silenciosa del siguiente pasaje:

Así quedó instaurado el primer grupo de miembros de la comunidad cristiana dedicados al servicio. Hoy en día les llamamos diáconos. Ellos, por medio de la imposición de las manos, reciben el sacramento del Orden en el primer grado. Su ministerio es el servicio y pueden ejercerlo de muy diversas maneras, desde la celebración de algunos sacramentos, hasta la enseñanza, la predicación e incluso la administración parroquial.

✠ *¿Qué puedo aprender de este pasaje?*

Esteban es acusado (6:8-15)

Pasa de 8 a 10 minutos en contemplación silenciosa del siguiente pasaje:

Tim Tebow jugador de futbol americano de la Liga Nacional de fútbol americano, fue duramente criticado por unos y alabado por otros por orar antes y durante los partidos de futbol. De manera similar, Estaban fue acusado por algunos que sospechaban de los motivos que había detrás de sus buenas obras y fue falsamente acusado de rechazar la ley de Moisés. Así es como Esteban, soportando esas falsas acusaciones, se ha convertido en un modelo de perseverancia para aquellos cuyas actitudes espirituales son duramente juzgadas por los demás.

✠ *¿Qué puedo aprender de este pasaje?*

El discurso de Esteban (7:1-53)

Pasa de 8 a 10 minutos en contemplación silenciosa del siguiente pasaje:

Hay una diferencia entre saber y vivir de acuerdo con lo que sabemos. Las personas a quienes Esteban hablaba conocían la historia del pueblo judío, pero no la habían entendido. Esteban era acusado de haber rechazado el mensaje de Dios, y él les hacía ese mismo reproche a ellos. Llevándolos de la mano, les explica cómo Dios preparó a su pueblo para la venida de Jesús; pero muchos de ellos fueron incapaces de reconocer la presencia de Cristo, oponiéndose así al Espíritu Santo.

Esta advertencia se aplica también a nosotros hoy en día. Una cosa es saber lo que dicen los Evangelios, con su mensaje de amor desinteresado a Dios y al prójimo, y otra muy distinta, hacerlo. Conocer las enseñanzas de Cristo no es suficiente, debemos vivir de acuerdo con ellas en nuestros hogares, lugares de trabajo y comunidades. Hay una diferencia entre saber y vivir de acuerdo con lo que sabemos

✠ *¿Qué puedo aprender de este pasaje?*

El martirio de Esteban (7:54-60)

Pasa de 8 a 10 minutos en contemplación silenciosa del siguiente pasaje:

Hay un viejo refrán que dice: "Cuando Dios cierra una puerta, abre una ventana". Así le sucedió a san Ignacio de Loyola, quien era un soldado que a causa de sus heridas tuvo que pasar un largo periodo de tiempo en recuperación. Durante ese periodo, vino su conversión leyendo vidas de santos. Llegó a la conclusión de que si esos hombres habían luchado por Cristo, él también podía hacerlo. Su decisión se concretó y su vida la dedicó a Cristo y a su Iglesia, llegando a ser un gran santo. Fundó la Compañía de Jesús (los Jesuitas), una orden religiosa, cuya influencia ha sido inmensa. "Cuando Dios cierra una puerta, abre una ventana".

De la misma manera, el martirio de Esteban abrió la puerta para que el cristianismo se extendiera fuera de Jerusalén. Si hubiésemos vivido en aquella época, hubiésemos percibido el hecho como una tragedia para el Cristianismo, pero mirando hacia atrás, nos damos cuenta de que Dios de hecho abrió una puerta más amplia. La lección que aprendemos de esta historia es que nunca podremos entender completamente cómo actúa Dios en la historia de la salvación. El Señor está siempre trabajando en el mundo, ya que su plan se desarrolla gradualmente.

✠ *¿Qué puedo aprender de este pasaje?*

Persecución y predicación en Samaría (8:1-8)

Pasa de 8 a 10 minutos en contemplación silenciosa del siguiente pasaje:

Lucas, nos presenta en su Evangelio la parábola del Buen Samaritano (10:25-37). Nos dice que Jesús, al terminar de contar la historia, preguntó a su auditorio: ¿quién fue el verdadero prójimo de aquel hombre que fue golpeado y robado? La respuesta era clara, por supuesto que el Buen Samaritano fue quien demostró ser el verdadero prójimo. El mensaje de Felipe a los samaritanos tiene la intención de hacernos conscientes de que en Cristo todos estamos llamados a actuar como prójimos (próximos) de otros. Eso fue lo que hizo el Buen Samaritano: no se convirtió en prójimo de aquel hombre herido gracias a sus buenas acciones, sino que siempre había sido su prójimo, pero de pronto aquella relación se hizo patente. El mensaje de Cristo enseña que todas las personas en el mundo son prójimos entre sí. Cuando empezamos a ver a los demás como Jesús los ve, el amor al prójimo se convierte, ya no en un mandato, sino en un regalo.

✠ *¿Qué puedo aprender de este pasaje?*

Simón el mago (8:9-25)

Pasa de 8 a 10 minutos en contemplación silenciosa del siguiente pasaje:

Los cristianos creemos que el Espíritu Santo está siempre actuando. Es Él quien comunica sus dones entre las personas, de acuerdo con las funciones de su ministerio. Pablo nos dice en su Primera carta a los Corintios: "Hay diversidad de carismas, pero un mismo Espíritu; diversidad de ministerios, pero un mismo Señor" (12:4-5). Los dones del Espíritu están presentes en nuestras vidas, ya que solo podemos expresar la fe en Jesús como el Hijo de Dios a través de los dones del Espíritu Santo. Pablo nos dice: "nadie puede decir: Jesús es Señor sino movido por el Espíritu Santo. (1 Cor 12:3).

✠ *¿Qué puedo aprender de este pasaje?*

Felipe y el etíope (8:26-40)

Pasa de 8 a 10 minutos en contemplación silenciosa del siguiente pasaje:

La fe sigue propagándose gracias al poder de Dios y bajo la acción del Espíritu Santo. Dios guio a Felipe para que compartiera la Buena Nueva con un pagano y, al terminar, Dios lo llevó a su siguiente misión. La fe se transmite gracias a la acción del Espíritu Santo. Debemos aprender lo más que podamos acerca de nuestra fe para poder compartirla con los demás; pero, a la vez, debemos darnos cuenta de que la aceptación de lo que compartimos sobre Jesús, depende de la acción del Espíritu Santo, tanto en la persona que transmite el mensaje de Dios, como en quien lo recibe. El Espíritu Santo guio a Felipe para que compartiera el mensaje de Jesús y al etíope lo iluminó para que pudiera escucharlo y responder. Así es como trabaja el Espíritu Santo en nuestras vidas.

✠ *¿Qué puedo aprender de este pasaje?*

PARTE 2: ESTUDIO INDIVIDUAL (HECHOS DE LOS APÓSTOLES 9-10)

Día 1: La conversión de Pablo (9:1-9)

En el libro de los Hechos de los Apóstoles, la conversión de Pablo es mencionada en tres diferentes narraciones (9:1–9; 22:3–21; 26:2–20), que en general son muy parecidas, aunque entre ellas hay algunas diferencias, debidas seguramente a las diversas fuentes en las que se basó Lucas.

Se nos presenta la conversión de Saulo, quien de camino a la ciudad de Damasco sufrió una transformación que cambió su vida y, junto con ella, la vida de la naciente Iglesia. Es curioso que el perseguidor de cristianos se convirtiera en el apóstol de Cristo que llevaría la Buena Nueva a los no judíos, pero, ¡para Dios no hay imposibles!

Pablo se dirigía a Damasco armado con cartas que le permitirían llevar presos a Jerusalén a aquellos seguidores del "Camino", forma que se utilizaba para denominar a aquellos que habían seguido el camino de Cristo. Iba de camino cuando una luz deslumbrante que venía del cielo hizo que cayera al suelo. Escuchó una voz que decía: "Saúl, Saúl, ¿por qué me persigues?" (9:4)¿Quién eres, Señor? preguntó Saulo. "Yo soy Jesús, a quien tú persigues" (9:5). Y así se inició el proceso de conversión de uno de los gigantes de la fe.

Jesús le dio indicaciones sobre lo que tenía que hacer. Sus acompañantes que oían la voz pero no veían nada, estaban consternados; Saulo al abrir los ojos no vio nada. Fue llevado de la mano a Damasco donde estuvo tres días sin comer. La ceguera de Pablo hace notar su ceguera religiosa al perseguir a la Iglesia, a la vez que prepara el terreno para lo que vendrá después: su conversión.

Lectio divina

Dedica entre 8 y 10 minutos a la contemplación silenciosa del siguiente pasaje:

Siempre me ha llamado la atención que Pablo en sus cartas nunca haya narrado la forma en que se dio su conversión. Simplemente lo afirmó. En cambio, en los Hechos de los Apóstoles esta es reportada tres veces. ¡Cuán trascendental fue para la Iglesia naciente y para nosotros hoy en día este acontecimiento! Conforme vayamos leyendo más de este libro, entraremos más en contacto con Pablo. Se puede decir que en los primeros diez capítulos la acción de Pedro es predominante, mientras que en los siguientes capítulos y hasta el final del libro serán las acciones de Pablo las que prevalecerán. Pero ambos estarán siempre guiados por el Espíritu Santo, actor principal de este libro.

✠ *¿Qué puedo aprender de este pasaje?*

Día 2: El bautismo de Pablo (9:10-22)

El Señor dijo en una visión a un discípulo de Damasco llamado Ananías que fuese a donde se encontraba Saulo. Al mismo tiempo Saulo, mientras oraba, tuvo una visión de Ananías imponiéndole las manos. Dios se las arregló en ese momento y se las sigue arreglando para poner a los hombres y mujeres indicados en nuestro camino, para que actúen como sus instrumentos. Esa es la forma en que Dios nos hace llegar su salvación.

Ananías le comunicó a Saulo el Espíritu Santo. De sus ojos cayeron unas como escamas y recobró la vista. Recibió el bautismo, comió, recobró las fuerzas y se quedó unos días con los discípulos de Damasco. Esto es el inicio de lo que sería una vida dedicada a proclamar que Jesús es el Hijo de Dios. Desde luego que las sospechas no se hicieron esperar: "¿No es éste el que en Jerusalén perseguía encarnizadamente a los que invocan ese nombre [Jesús], y ha venido aquí con el objeto de llevárselos encadenados a los sumos sacerdotes?" (9,21).

Confundía a los judíos que vivían en Jerusalén, ya que proclamaba que Jesús era el Mesías ganándose la enemistad de muchos. Es aquí cuando el libro de los

Hechos de los Apóstoles nos deja entrever el cambio de nombre de Saulo por Pablo. En la tradición judía, cuando un acontecimiento implicaba un cambio de vida, este solía traer consigo un cambio de nombre. Ese fue el caso de Abran a quien Dios le dijo: "No te llamarás más Abrán, sino que tu nombre será Abrán, pues te he constituido padre de muchedumbre de pueblos" (Gn 17:5); de Saray, su esposa, a quien Dios le dio el nombre de Sara (cfr. Gn 17:15) y de Jacob a quien Dios se le apareció, lo bendijo y le dijo: "pero ya no te llamarás Jacob, sino que tu nombre será Israel" (Gn 35:10).

El pasaje termina con Pablo siendo descolgado por el muro que rodeaba la ciudad de Damasco. Iba escondido en una canasta, para burlar la vigilancia que había sido colocada en las puertas de salida, ya que querían eliminarlo.

Lectio divina

Dedica entre 8 y 10 minutos a la contemplación silenciosa del siguiente pasaje:

El encuentro de Pablo con Jesús resucitado fue un encuentro que cambió su vida y la de la humanidad entera. En adelante Pablo vivirá por Jesús, se esforzará por transmitir su mensaje a tiempo y a destiempo. La energía y dedicación que mostraba Saulo al perseguir a la Iglesia, se transformó en energía y dedicación para acercar a otros a la fe en Cristo. Todos nosotros, al igual que Pablo, tenemos la misión de compartir el mensaje de Cristo en nuestro estado y condición de vida. Pablo tuvo en Ananías al miembro de la Iglesia que lo recibió en la comunidad a través del sacramento del Bautismo. Vemos cómo desde el tiempo de los Apóstoles, la Iglesia ha transmitido el don del Espíritu de generación en generación.

✠ *¿Qué puedo aprender de este pasaje?*

Día 3: Pablo visita Jerusalén (8:23-31)

Pablo se dirigió a Jerusalén, mostrando así su interés por manifestar su unidad con la comunidad cristiana y su asociación con los apóstoles. Pero, como es lógico, al inicio los discípulos no querían reunirse con él, pues temían que su conversión no fuera auténtica. Era difícil aceptar que un perseguidor de cristianos, de un día para otro, se había convertido en un fiel seguidor de Jesús.

Fue Bernabé quien se lo presentó a los apóstoles, al tiempo que Pablo les contó su encuentro con el Señor Jesús en el camino de Damasco. La aprobación que dieron los apóstoles al ministerio de Pablo fue indispensable para que pudiera seguir predicando a Jesús resucitado.

La vida de Pablo peligraba una vez más y este tuvo que salir huyendo de Jerusalén, porque los judíos de lengua griega tramaban su muerte. Pero fue la comunidad cristiana, de la que ahora él formaba parte, quien le acompañó por el camino hasta enviarlo a Tarso, su tierra natal. Este pasaje termina con una bellísima afirmación que nos llena de tranquilidad después de tanta persecución: "Las Iglesias por entonces gozaban de paz en toda Judea, Galilea y Samaría; pues se edificaban y progresaban en el temor del Señor y estaban llenas de la consolación del Espíritu Santo" (9:31).

Lectio divina

Dedica entre 8 y 10 minutos a la contemplación silenciosa del siguiente pasaje:

Bernabé presentó a Pablo a los apóstoles. Su actitud de confianza y ánimo es un ejemplo para nosotros que podemos encontrarnos ante el dilema de apoyar o no a algún miembro de nuestra comunidad. ¿Qué habría sido de Pablo si algunos miembros de la comunidad no lo hubieran descolgado en una canasta por los muros de Damasco para que escapara? ¿O si algunos miembros de la comunidad no le hubiesen acompañado hasta Cesarea, cuando estaba siendo perseguido? ¿O si Bernabé no lo hubiese presentado ante los apóstoles? Todos aquellos que aman al Señor y quieren llevar su mensaje a otros, necesitan de nuestro apoyo.

✠ *¿Qué puedo aprender de este pasaje?*

Día 4: La misión de Pedro (8:32-43)

Pedro sanó a Eneas en nombre de Jesucristo y resucitó a Tabita, quien había muerto después de haber caído enferma. Como resultado de su actividad, muchas personas se convertían al Señor.

Termina este pasaje diciéndonos que Pedro se quedó algún tiempo en Jafa, en casa de Simón el curtidor. El oficio de curtidor era considerado impuro, ya que entraba en contacto con piel de animales impuros. Su trabajo consiste en transformar la piel que puede pudrirse en cuero que perdura. La estadía de Pedro en casa de Simón el curtidor tiene un mensaje clarísimo para la comunidad: las normas antiguas toman un significado diferente. Fue la apertura hacia los demás la que llevó a Pedro a cambiar de actitud.

Lectio divina

Dedica entre 8 y 10 minutos a la contemplación silenciosa del siguiente pasaje:

La obra de Jesús continúa a través de sus discípulos, quienes llevan a cabo su misión como miembros de la Iglesia. A través de la historia, los seguidores de Jesús recibiremos bendiciones, exorcismos, sanaciones y el perdón de los pecados a través de la Iglesia, que es el cuerpo de Cristo en el mundo. La Iglesia es una prueba de que la vida de Jesús no fue únicamente un evento que sucedió en el pasado, sino que Jesús todavía está activo a través del ministerio de esta. La beata Teresa de Calcuta, que ayudó a muchos pobres en nombre de Cristo y de la Iglesia, cuando extendía la mano para ayudar, en realidad eran Cristo y la Iglesia quienes lo hacían. Gracias a nuestro bautismo somos Iglesia, miembros del Cuerpo de Cristo en la tierra. Al compartir nuestro amor con los necesitados, es la Iglesia quien ama a los necesitados. Al compartir nuestro tiempo con los que sufren soledad, es la Iglesia quien los acompaña, ya que nosotros, los bautizados, somos la Iglesia.

✠ *¿Qué puedo aprender de este pasaje?*

Día 5: La visión de Cornelio y de Pedro (10:1-33)

En el libro de los Hechos se describe la conversión de los gentiles al cristianismo; sin embargo, había todavía muchos desafíos por afrontar. Uno de ellos y el que más premura presentaba, era el relativo a las exigencias de la ley judía en los conversos gentiles, es decir, en aquellas personas que no provenían del judaísmo. Podían ser griegos o romanos, medos o persas, etc. La pregunta que flotaba en el aire era: ¿tenían que seguir las leyes judías?, ¿los varones tenían que circuncidarse?

En este capítulo comienzan a darse las respuestas a esa problemática. Lucas muestra que la iniciativa para esos cambios proviene de Dios y no de alguna autoridad humana. Esto sucede gracias a un centurión romano llamado Cornelio. A Cornelio, un hombre religioso y temeroso de Dios, se le apareció un mensajero el cual le dijo que sus oraciones y limosnas habían subido a la presencia de Dios y que eran tenidas en cuenta.

Según parece, el Evangelio estaba llegando a los paganos, esto es, a los no judíos y uno de los primeros sobre quien nos hablan los Hechos de los Apóstoles es Cornelio. El centurión, siguiendo las indicaciones del mensajero, mandó a dos de sus criados a que fuesen a Jafa a llamar a Pedro.

Pedro, por su parte, tuvo una visión del cielo abierto, en la cual Dios le confirmó que los animales no eran impuros. Le dijo: "Lo que Dios ha purificado no lo llames tú profano" (10:15), pues los judíos consideraban a muchos animales como impuros. Pedro va a la casa de Cornelio, aun siendo este un pagano, quien le da una cordial bienvenida diciendo: "estamos dispuestos para escuchar todo lo que te ha sido ordenado por el Señor" (10:33).

Lectio divina

Dedica entre 8 y 10 minutos a la contemplación silenciosa del siguiente pasaje:

Para Pedro, el entrar en casa de Cornelio, un capitán de la guardia romana, debió de haber sido una decisión difícil. Iba en contra de creencias, que hasta hacia poco tiempo, había considerado importantes y a las cuales se mantenía fiel. Nos referimos a la prohibición de la ley de que un judío entrase a casa de un no-judío. Si lo hacía, inmediatamente era considerado impuro. Pero, en este pasaje, fue Dios quien mediante un sueño le hizo saber a Pedro que para Dios esa no era la manera de medir la impureza.

✠ ¿Qué puedo aprender de este pasaje?

Día 6: Discurso de Pedro y bautismo de Cornelio (10:34-49)

Pedro inició este discurso diciendo que Dios no hace distinción entre personas, sino que acepta a aquel que es bueno y que practica la justicia; además –muy importante– no toma en cuenta el pueblo o nación al que esta pertenece. Después afirma que Dios comunicó su Palabra a los israelitas, anunciando la Buena Nueva por medio de Jesús, el Mesías, el Señor de todo.

El mensaje nos es familiar. Se ha venido repitiendo a través del libro de los Hechos de los Apóstoles, lo que es diferente en esta ocasión es el auditorio. Ahora se estaba dirigiendo a un público no-judío. Pedro les hizo un resumen de aquello en lo que la comunidad creía, a saber, que Jesús era el ungido de Dios, que pasó haciendo el bien, fue colgado de un madero, resucitó al tercer día, fue visto por los testigos designados de antemano por Dios, encargó que atestiguasen que Dios lo había nombrado juez de vivos y muertos, y que todos los que creían en Él, recibían el perdón de los pecados.

Pedro no había acabado de hablar, cuando el Espíritu Santo bajó sobre todos los oyentes. Los creyentes convertidos del judaísmo se asombraban al ver que el don del Espíritu Santo también se concedía a los paganos (10:44-45). En aquel día Pedro bautizó a Cornelio y a los suyos, invocando el nombre de Jesús.

Lectio divina

Dedica entre 8 y 10 minutos a la contemplación silenciosa del siguiente pasaje:

Los Hechos de los Apóstoles muestran el influjo que tuvo el Espíritu Santo en la Iglesia naciente. La Iglesia sale de Jerusalén para expandirse a otras regiones. Pasa del mundo judío a un mundo gentil, alejado de las tradiciones judías. Jesús no dejó un plan maestro para que sus discípulos lo siguiesen, lo que sí dejó fue al Espíritu Santo y los discípulos decidieron seguir sus inspiraciones. Así fue cómo la Iglesia se expandió poco a poco y creció entre los gentiles, que se convirtieron gracias a las visiones que tuvieron tanto Cornelio como Pedro. Este episodio demuestra que el crecimiento de la Iglesia no depende de los planes o ingenio humano, sino de la obra de Dios en la vida de la Iglesia. Esta verdad sigue siendo válida hoy en día. El Espíritu Santo sigue siendo el motor de toda iniciativa apostólica.

✠ *¿Qué puedo aprender de este pasaje?*

Preguntas de reflexión y repaso

1. ¿Qué podemos aprender para nuestra vida del encuentro de Saulo con Jesús en el camino de Damasco?
2. ¿Por qué es importante la conversión de Saulo?
3. ¿Qué mensaje podemos aprender del hecho que Pablo haya quedado sin poder ver algunos días?
4. ¿Qué representa la visita de Ananías a Saulo? ¿Cómo se puede aplicar a la Iglesia de hoy en día?
5. ¿Por qué era necesario que Pablo fuera a Jerusalén?
6. ¿Por qué los cristianos temían a Pablo aun después de su conversión?
7. ¿Quién es Cornelio?
8. ¿Por qué fue importante el encuentro entre Cornelio y Pedro?
9. ¿En qué consistió la visión que tuvo Pedro? ¿Qué fue lo que hizo a Pedro cambiar su idea sobre la predicación a los gentiles?
10. ¿Por qué Pedro se arriesgó a ser declarado impuro cuando entró a la casa de Cornelio?

LECCIÓN 9

La misión con los gentiles y los viajes apostólicos de Pablo

HECHOS DE LOS APÓSTOLES 11-19

"Mientras estaban celebrando el culto del Señor y ayunando, dijo el Espíritu Santo: 'Sepárenme ya a Bernabé y a Saulo para la obra a la que los tengo llamados'. Entonces, después de haber ayunado y orado, les impusieron las manos y los enviaron" (13:2-3).

Oración inicial *(ver página 15)*

Contexto

Parte 1: Hechos de los Apóstoles 11-16. La comunidad de seguidores de Jesucristo crece, ya no solo entre los judíos, sino también entre los gentiles. La Iglesia en Antioquía crece. Pedro es encarcelado y liberado por un ángel del Señor. Pablo y Bernabé se dedican a predicar el Evangelio a los gentiles. La Iglesia se reúne en el Concilio de Jerusalén. Pablo viaja a Macedonia, llevando la Buena Nueva a tierras europeas.

Parte 2: Hechos de los Apóstoles 17-19: Sigue la predicación del Evangelio. Le tocará su turno a Tesalónica, Atenas y Corintio entre otras ciudades y regiones. Termina el primer viaje misionero de Pablo e inicia el segundo. Apolo es bautizado y se convierte en un gran predicador de la Buena Nueva. En Éfeso, Pablo se enfrenta a dificultades con los exorcistas y con los plateros.

Leer en voz alta Hechos de los Apóstoles 11-16

Pedro informa a la comunidad de Jerusalén sobre los gentiles que se han bautizado (11:1-18)

Aprensión es el sustantivo que podemos usar para denotar el sentimiento que se apoderó de la comunidad de Jerusalén cuando oyeron que también los gentiles habían aceptado la Palabra de Dios. Para comprender el sobresalto tenemos que recordar que el pueblo judío, por muchos siglos, había sido el pueblo elegido de Dios y el destinatario de la promesa de la salvación. El que personas que no pertenecieran al pueblo judío, esto es, los gentiles hubiesen sido bautizadas por Pedro, creaba entre los judíos gran aprensión.

Por esta razón, Pedro fue a Jerusalén a explicar a los apóstoles y a los hermanos que ahí se encontraban cómo y por qué había sucedido eso. Les contó sobre la visión que tuvo en Jafa, cómo el Espíritu le ordenó que sin dudar fuese con los tres hombres que habían llegado a él, cómo, al llegar a la casa, el Espíritu Santo bajó sobre sus moradores cuando él empezó a hablar. El Espíritu bajó "como sucedió al principio sobre nosotros" (11:15).

Explicando su postura, dijo: "Me acordé entonces de aquellas palabras que dijo el Señor: Juan bautizó con agua, pero ustedes serán bautizados con el Espíritu Santo" (11:16). Pedro, como se dice popularmente, "se la jugó", se arriesgó a que lo acusaran de haber entrado a casa de un gentil y que, por lo mismo, lo consideraran impuro y su autoridad se viera mermada. Pedro terminó su minuciosa reseña de los hechos diciendo: "si Dios les ha concedido el mismo don que a nosotros, por haber creído en el Señor Jesucristo, ¿quién era yo para poner obstáculos a Dios?" (11:17).

Termina este pasaje con la declaración de que al oír eso se habían calmado, dando gloria a Dios y haciendo una afirmación que cambiaría el rumbo de la naciente Iglesia: "también a los gentiles les ha dado Dios la conversión que lleva a la vida" (11:18). Es decir, fue en ese momento que la comunidad de los apóstoles comprendió que los gentiles o paganos también podían formar parte de la nueva comunidad de seguidores de Jesús, el Cristo.

Aunque los cristianos judíos de Jerusalén aceptaron lo que Pedro les había expuesto sobre el gran don de Dios a los conversos gentiles, en ese momento no se habló sobre hacer ningún cambio a la ley en atención a los gentiles. Esa conversación tendría lugar más adelante en el Concilio de Jerusalén, del cual se habla en el capítulo 15.

La Iglesia en Antioquía (11:19-30)

Como ya anotamos antes, curiosamente aquellos que querían terminar con los seguidores de Jesús, hicieron que su número aumentara, pues al perseguirlos y obligarlos a huir, los forzaron a desplazarse a nuevas tierras llevando consigo el mensaje del Resucitado. Fue así como se formó la comunidad de Antioquía, ciudad localizada al noroeste de Jerusalén que, en aquella época, era la tercera ciudad más grande del Imperio después de Roma y Alejandría en Egipto. Nos dice el libro de los Hechos de los Apóstoles que aquellos que huyeron "hablaban también a los griegos y les anunciaban la Buena Nueva del Señor Jesús" (11:20).

Fue el poder de Dios el que logró que un gran número de personas creyera y se convirtiera. Por esta razón, Bernabé fue enviado por la Iglesia de Jerusalén como representante a esa nueva comunidad de creyentes. De ahí Bernabé partió hacia Tarso en busca de refuerzos, para luego regresar con Saulo. Juntos instruyeron a la numerosa comunidad durante un año. Nos dicen los Hechos de los Apóstoles que fue ahí donde los discípulos fueron llamados por primera vez cristianos, es decir, seguidores de Cristo, el Mesías. Se dieron cuenta de que su fe era algo diferente al Judaísmo, ya que Jesús estaba al centro de ella y no la ley y los Profetas, como antes.

Surgió una estrecha relación entre los cristianos de Antioquía y los creyentes Jerusalén. Por ese entonces, Ágabo, un miembro de la Iglesia en Jerusalén, predijo por el poder del Espíritu que vendría una gran hambruna a todo el mundo. Por esa razón los cristianos de Antioquía, preocupados por la iglesia de Jerusalén, y como muestra de apoyo y unión con los miembros de esta, les enviaron ayuda con Bernabé y Saulo, cada uno según sus posibilidades.

Herodes persigue a los cristianos (12:1-25)

El rey Herodes Agripa, nieto de Herodes el Grande, se convirtió en rey de Judea alrededor del año 41, reinando por un corto tiempo. Durante su reinado buscó el apoyo de los líderes judíos. Algunos creen que mandó decapitar a Santiago, el hermano de Juan, buscando ganarse la benevolencia y apoyo de los judíos. Santiago es el primero de los Doce de quien tenemos noticia, que murió por su fe en Jesucristo. Herodes alentado por la favorable reacción de los judíos al asesinato de Santiago, arrestó a Pedro.

Un escuadrón, que por lo general constaba de cuatro soldados, hacía turnos para vigilar a Pedro durante la noche. Además, fue encadenado no a uno, sino a dos soldados, con la intención de que fuese llevado a juicio en la primera oportunidad que se presentara después de la fiesta de la Pascua. Mientras Herodes esperaba a que esta terminase, los miembros de la Iglesia rogaban a Dios por Pedro.

A media noche, un ángel despertó a Pedro, le ordenó que se vistiera y lo condujo fuera de la prisión, ya que de manera milagrosa los guardias no lo veían y las puertas se abrían para que pasara. Al principio, Pedro creía que estaba teniendo una visión; pero cuando el ángel le dejó, Pedro volviendo en sí comentó: "Ahora me doy cuenta realmente de que el Señor ha enviado su ángel y me ha librado de las manos de Herodes y de todo lo que esperaba el pueblo de los judíos" (12:11).

Inmediatamente se fue a un lugar donde se reunían en común los primeros cristianos: la casa de María, la madre de Juan, de sobrenombre Marcos (Hch 12:12). Aquí Lucas nos presenta a un nuevo personaje, Juan, de sobrenombre Marcos. Algunos comentaristas creen que Juan Marcos es el verdadero autor del Evangelio de Marcos, además de ser compañero de Pedro. Esta teoría no es aceptada por todos los comentaristas. Más adelante, un joven llamado Juan, a quien también se llama Marcos (15:37), se une a Bernabé y a Pablo en un viaje misionero, pero se nos dice que les dejó para regresar a casa.

La llegada de Pedro a la comunidad causó una gran alegría y asombro. Pedro explicó cómo el Señor lo había liberado de la cárcel y les pidió que le hiciesen saber todo lo sucedido a los hermanos y a Santiago, quien al parecer era el jefe de la Iglesia de Jerusalén. Por su parte Herodes ejecutó, de acuerdo con la costumbre de la época, a los soldados que custodiaban a Pedro, ya que existía la costumbre de que cada vez que un preso se escapaba, se ejecutaba a los guardias que lo estaban cuidando.

Termina este pasaje contándonos que: "Herodes, vestido con el manto real y sentado en la tribuna, les arengaba. Entonces el pueblo se puso a aclamarle: ¡Es un dios el que habla, no un hombre! Pero inmediatamente le hirió el ángel del Señor porque no había dado la gloria a Dios; y, convertido en pasto de gusanos, expiró" (12:21-23). Herodes accedió al trono en medio de una gran pompa y celebraciones; pero, por no haber dado el honor debido al único y verdadero Dios, fue herido de muerte. Mientras esto sucedía, el Espíritu Santo seguía actuando, el mensaje de Jesús se difundía y la comunidad de la Iglesia seguido creciendo.

Primera misión de Saulo y Bernabé (13:1-12)

En esta parte de los Hechos de los Apóstoles vemos cómo la Iglesia se va organizando. De hecho, podemos entrever cómo desde el principio había una estructura orientada al servicio de los fieles. Los Hechos de los Apóstoles nos cuentan cómo en Antioquía había cinco profetas, que al parecer fueron los iniciadores de la comunidad en esa ciudad, entre ellos se encontraban Bernabé y Saulo. Fácilmente podemos deducir que ocupaban puestos de liderazgo.

Una vez más el Espíritu Santo jugó un rol de gran importancia, en esta ocasión al disponer que Bernabé y Saulo se dedicaran a una misión especial. Por esta razón, la comunidad ayunó, oró y les impuso las manos. Después de esto los despidieron para que, guiados por el Espíritu Santo, fueran a anunciar la Palabra de Dios.

En el pasado, la Iglesia en Jerusalén había enviado misioneros; pero, en esta ocasión, fue la Iglesia en Antioquía quien envió gente para difundir el mensaje del Evangelio, convirtiéndose así también en un centro de actividad misionera. Saulo estará desde ese momento en el centro de la narración del Libro de los Hechos de los Apóstoles. En sus primeros pasos como misionero entró en conflicto con un mago y falso profeta judío llamado "Bar-Jesús", que significaba "hijo de Jesús" o "hijo de la salvación". Saulo, en cambio, lo llama "hijo del diablo". Con su predicación el mago trataba de apartar al gobernador de la zona de la fe. Entonces Saulo, enfrentándolo, le dijo que en castigo por su mal comportamiento, quedaría ciego, cosa que sucedió al instante. Entonces, nos dice el texto: "al ver lo ocurrido, el procónsul creyó, impresionado por la doctrina del Señor" (13:12).

Con este milagro, Saulo no solo mostró la superioridad del poder de Dios sobre el poder de los magos de la tierra, sino también que el poder de Dios es diferente a cualquier otro, incluyendo el de los nigromantes, magos y hechiceros.

En este pasaje se nos informa que Saulo también es conocido como Pablo (13:9), el cual es el equivalente latino del nombre hebreo Saulo. Este nombre se utilizará frecuentemente en el resto del libro de los Hechos.

Discurso de Pablo a los judíos y a los gentiles (13:13-52)

Los misioneros Pablo y Bernabé continuaron con sus viajes que los llevaron a tierras lejanas, como a Antioquía de Pisidia, situada en una provincia romana de Asia Menor. Esta ciudad no se debe confundir con Antioquía de Siria, donde Pablo y Bernabé recibieron su misión.

Pablo, al igual que Jesús, fue a la sinagoga donde predicó cuando los jefes de la sinagoga dijeron a los presentes que si tenían alguna palabra de aliento para el pueblo, podían decirla (cf. 13:15). Ante tal invitación, Pablo se levantó y tomando la palabra hizo un recorrido por la historia de la salvación del pueblo judío hasta llegar a Jesús, afirmando que los judíos de Jerusalén y sus jefes no lo habían recibido. Pero que ellos, Bernabé y Pablo, les anunciaban la Buena Noticia: "la Promesa hecha a los padres [esa que] Dios ha cumplido en nosotros, los hijos, al resucitar a Jesús" (13:32-33). De esa forma explicaba cómo Iglesia era la realización plena del judaísmo.

Al salir, les rogaron que volvieran a hablar sobre el mismo tema el siguiente sábado. Muchos de los judíos y de aquellos que se habían convertido en seguidores de Jesús siguieron a Pablo y a Bernabé. Ellos, por su parte, les animaban a mantener su fe. El sábado siguiente una gran cantidad de personas se reunió para escuchar la Palabra de Dios. La envidia y los celos se hicieron presentes, y algunos judíos se pusieron a contradecir con insultos a Pablo. Pablo y Bernabé hablaron con toda franqueza diciendo que su misión estaba dirigida originalmente a los judíos, pero como estos rechazaban el mensaje, su misión ahora estaría dirigida a los gentiles, es decir, a los no-judíos. Así se lo había ordenado el Señor. Los gentiles se regocijaron cuando escucharon esto.

Pablo y Bernabé, al igual que Jesús, fueron objeto de falsas acusaciones hechas por los líderes religiosos. En esa ocasión, los judíos incitaron a mujeres piadosas de la clase alta y a los notables de la ciudad para que persiguieran a Pablo y Bernabé, quienes fueron expulsados de la ciudad. Muy al estilo bíblico, Pablo y Bernabé se sacudieron el polvo de sus pies. A pesar de ese rechazo, los discípulos reconocieron la acción de Dios en esa misión y se regocijaron en el Espíritu Santo.

Pablo y Bernabé continúan con su misión (14:1-28)

Continuó el trabajo misionero de Pablo y Bernabé. Una vez llegados a Iconio, la sinagoga sirvió como base para su actividad misionera. Muchos judíos y griegos aceptaron sus palabras y abrazaron la fe. Los judíos que no se habían convertido, por su parte, crearon un ambiente hostil a la predicación del Evangelio. Esto, no obstante, no les impidió permanecer ahí durante un tiempo instruyendo con valentía y el Señor testimoniaba su predicación "concediéndoles obrar por sus manos signos y prodigios" (14:3).

Pero la situación se tornó difícil cuando los judíos y los gentiles, con apoyo de los jefes de la Sinagoga, se prepararon para apedrearlos. Esto hizo que escaparan a ciudades aledañas para seguir con su predicación. Es en este relato donde Lucas aplica por primera vez el nombre de "apóstoles" a Pablo y Bernabé, igualando su ministerio al de los Doce. Pablo en sus cartas también hablaba de sí mismo como apóstol de Jesucristo. En Listra, Pablo curó a un paralítico emulando la manera en que Pedro lo había hecho al iniciar el libro de Hechos de los Apóstoles (3:1-20). En ambos casos los apóstoles, mirando al paralítico, le ordenaron que se pusiese de pie. El autor de los Hechos atribuye la curación a la fe.

A continuación se nos narra una escena que nos permite ver la religiosidad de los paganos. Al ver los pobladores de la ciudad de Listra el milagro realizado por Pablo, decidieron proclamar a Pablo y a Bernabé como dioses en figura de hombre que habían bajado a ellos, llevándoles regalos. Identificaron a Bernabé con Zeus, el principal dios griego, y a Pablo con Hermes, el portavoz de los dioses, ya que era quien predicaba. Querían sacrificar animales en su honor, pero Pablo y Bernabé les aclararon que la curación se había producido por el nombre de Jesús y que ellos no eran dioses.

Pablo les dijo que ni él ni Bernabé eran como sus dioses, sino que ellos buscaban darles a conocer la buena noticia acerca del Dios vivo, creador de todo, quien con anterioridad les había permitido seguir su camino y nunca había dejado de preocuparse por ellos. Esta es una bellísima afirmación: aunque Dios había elegido al pueblo judío para manifestarse originalmente, ahora Dios se estaba manifestando también a los gentiles. Como había sucedido en el pasado, el entusiasmo de la multitud se convirtió en rechazo. Pablo fue apedreado y arrastrado fuera de la ciudad donde le dieron por muerto. Sus discípulos se reunieron a su alrededor y él, después de un rato, se levantó y volvió a la ciudad. Salieron después para Listra, siguiendo su recorrido por otras ciudades. En ellas animaban al seguimiento de Jesús, nombrando (ancianos) en las diferentes ciudades a quienes "con oraciones y ayunos los encomendaban al Señor en quien habían creído" (cfr.14:23). Al llegar a Antioquía de Siria, dieron un informe sobre su actividad misionera a la comunidad que los había enviado.

En este pasaje podemos ver varias acciones y afirmaciones de gran importancia que nos permiten ir conociendo a Dios, su actuar y la manera en que la naciente comunidad iba aceptando el mensaje. La primera es que Dios es el verdadero Dios, cuyo poder es superior. La segunda es que Dios abrió las mentes de los gentiles para que aceptaran la fe. La tercera es que el mensaje que Pablo y Bernabé predicaron a los gentiles, era el mismo que se predicaba al pueblo judío. Y la cuarta es que se nos presenta a Pablo como el líder de la expedición misionera, enfatizando el rol protagónico que Pablo desempeñó en la naciente Iglesia junto con Pedro.

El Concilio de Jerusalén (15:1-35)

Hemos venido leyendo sobre cómo se iban desarrollando las primeras comunidades cristianas; cómo Jerusalén era la comunidad central y de ella había nacido la comunidad de Antioquía; cómo la fe en Cristo se iba expandiendo; cómo muchos gentiles se habían convertido al Cristianismo y habían sido recibidos en la naciente comunidad sin imponérseles la ley de Moisés, ley que el pueblo judío tenía desde antiguo. Algunos miembros de la Iglesia en Jerusalén no lograban comprender el alcance de la novedad que había venido a traer Jesús. Y sucedió que algunos de ellos fueron a Antioquía a predicar que los nuevos conversos venidos de entre los gentiles debían ser circuncidados para tener acceso a la salvación. Eso hizo que se despertaran tensiones. Buscando aplacar los ánimos, la comunidad de Antioquía envío a Pablo, a Bernabé y otros a Jerusalén para solucionar las diferencias. Al hacer esto la Iglesia de Antioquía demostraba cómo consideraba a la Iglesia en Jerusalén como la precursora. Por ello la consultaban.

En su camino rumbo a Jerusalén, aprovecharon para comunicar a las comunidades cristianas que encontraban, que el número de gentiles convertidos en seguidores de Jesucristo aumentaba. Esto causaba gran revuelo entre los cristianos. A su llegada a Jerusalén fueron recibidos con júbilo. Después de presentar su informe a los apóstoles y a los ancianos de lo que estaba sucediendo entre los gentiles, sucedió que un grupo de fariseos que se había convertido al cristianismo sostenía que era necesario que los gentiles conversos al Cristianismo se circuncidaran. De esta forma, se observaría la ley de Moisés. Esto llevó a una larga discusión. Pedro intervino recordándoles su experiencia con Cornelio y los suyos que provenían de entre los gentiles (Hch 10:1-48), quienes recibieron el Espíritu Santo sin haber sido circuncidados y preguntó qué sentido tenía colocar una carga sobre los hombros de los gentiles conversos que ni ellos ni sus antepasados fueron capaces de soportar. Con esto afirmaba que no era la ley de Moisés la que salvaba a las personas, sino la gracia del Señor Jesús que se da a todos.

Los Hechos de los Apóstoles nos presentan un encuentro pacífico en el que ambas partes expresaron sus objeciones, de manera receptiva. En cambio, Pablo en su carta a los Gálatas (2:1-10), nos habla de las dificultades que enfrentó en Jerusalén al tratar de convencer a los miembros de la Iglesia en Jerusalén para que a los gentiles no se les impusiera la ley de Moisés.

Santiago, quien aparentemente era la cabeza de la Iglesia en Jerusalén, declaró que los conversos gentiles no tenían que cumplir con la ley de Moisés, sino que debían seguir los rituales relacionados con la alimentación para así poder sentarse a comer juntos judíos y gentiles.

La comunidad de Jerusalén decide enviar a Judas, apodado Barsabás, y a Silas para que junto con Pablo y Bernabé entreguen una carta a la comunidad cristiana de Antioquía. En esa carta, la comunidad de Jerusalén desconoce a los cristianos judíos que causaron diferencias en Antioquía y repite la decisión de que los gentiles que se conviertan al Cristianismo no tendrán que seguir la ley de Moisés. Para que no hubiera dudas sobre la autenticidad de la carta, la presencia de Judas y Silas, por un lado, como representantes de la comunidad de Jerusalén; y de Pablo y Bernabé, por otro, como representantes de la comunidad de Antioquía, le daba fe y veracidad a la misiva.

Aquella primera reunión de dos comunidades o Iglesias ha sido considerada por la historia del Cristianismo como el primer Concilio de la Iglesia. En él se definió que imponer la circuncisión y la ley de Moisés a los gentiles sería poner trabas innecesarias a la conversión de estos. Sentó las bases para comprender que el Cristianismo era una comunidad separada del Judaísmo.

Pablo y Bernabé se separan (15:36-41)

¡Problemas en el paraíso! Ahora se trataba de un desacuerdo interno. Pablo quería una cosa y Bernabé otra. Se nos dice que la discusión se tornó violenta y que la decisión fue la separación. Bernabé, acompañado de Juan Marco, llevaría el mensaje de Jesús a la isla de Chipre, mientras que Pablo y Silas se dirigirían a Siria y Cilicia. Lo verdaderamente importante de este pasaje está al final, cuando se nos dice que la comunidad los encomendó al Señor y que sus viajes sirvieron para consolidar a las comunidades.

Timoteo acompaña a Pablo (16,1-5)

Ahora le toca a Timoteo el turno de acompañar a Pablo en su viaje misionero. La cercanía entre estos dos personajes queda de manifiesto en las dos cartas que Pablo le escribió y que son parte del canon del Nuevo Testamento. Timoteo era hijo y nieto de mujeres judías, convertidas al Cristianismo (2 Tim 1:5). Había sustituido a Pablo al frente de la Iglesia en Éfeso cuando este partió y era tan cercano al Apóstol que este le llamaba "hijo querido" (2 Tim 1:2).

Nos dice el libro de los Hechos que Pablo hizo circuncidar a Timoteo, quien era hijo de padre griego. Puede parecer contradictorio que Pablo, habiendo luchado tanto para que los gentiles no se circuncidaran, haya hecho circuncidar a su colaborador. La respuesta se encuentra en que la madre de Timoteo era judía y la circuncisión haría que este fuera aceptado más fácilmente por los judíos que en esos momentos era a quienes se dirigía su apostolado. Esto le permitiría la entrada a las sinagogas judías.

En este pasaje del libro de los Hechos es la última vez que se habla de los apóstoles de Jerusalén. De aquí en adelante Pablo se convertirá en la autoridad principal para la difusión de la Buena Nueva.

Viaje a Macedonia (16:6-15)

El Espíritu Santo, personaje principal del libro de Hechos de los Apóstoles, hace su aparición una vez más. Ahora lo hace animando a Pablo, a través de una visión, para que vaya a Macedonia. Esa región se encontraba en el continente Europeo. ¡La Palabra de Dios iba a ser proclamada en nuevas tierras! Este breve pasaje nos muestra cómo la actividad misionera del Apóstol no estaba guiada por criterios humanos, sino por el Espíritu.

Pablo quería regresar a las tierras que había evangelizado con anterioridad, pero siempre surgían obstáculos. Pablo supo ver detrás de todos esos acontecimientos la mano del Espíritu Santo y el camino que debía seguir.

Cuando Pablo y sus compañeros entraron en la región de Macedonia, iniciaron su predicación en Filipos, que era una ciudad dominada por los romanos. En esta ocasión, Pablo y sus compañeros, en vez de ir a la sinagoga para orar y predicar acerca de Jesús, se dirigieron a las orillas de un río en las afueras de la ciudad, donde pensaron que había un lugar apto para orar. Fue ahí donde encontraron a un grupo de mujeres, a quienes Pablo y sus compañeros anunciaron la Buena Nueva. Entre aquellas mujeres se encontraba Lidia, quien se dedicaba al comercio de púrpura y, nos dicen los Hechos, "era una persona devota" (cfr. 16:14) a quien el Señor ¡le abrió el corazón! Aceptó el Bautismo junto con los demás miembros de su hogar. Lidia abrió su casa a Pablo y a sus compañeros, y su corazón, a Dios. De ahí en adelante la casa de Lidia se convirtió en el centro de reunión para la primera comunidad cristiana de Filipos.

Pablo preso y liberado (16:16-40)

Este es un pasaje singular del libro de los Hechos. En Filipos, Pablo y sus compañeros se encontraron con una muchacha que tenía poderes de adivina y proporcionaba muchas ganancias a sus amos. Pablo, se dio cuenta de que hacía esto por el poder del Demonio que actuaba en ella. Lo expulsó y sus amos dejaron de recibir las ganancias. Obviamente, esto no fue del agrado de sus amos y se originó un conflicto entre Pablo y los ciudadanos no judíos de la región. Pablo y Silas fueron llevados ante las autoridades romanas, acusados falsamente de haber alterado el orden público. Los romanos los mandaron azotar y encarcelar.

Pablo y Silas fueron custodiados con severidad. Ellos, por su parte, se pusieron a orar y entonar alabanzas. Un terremoto, que es un signo típico de la intervención de Dios en la Sagrada Escritura, sacudió la prisión y se abrieron todas las puertas. Las cadenas de los reos se soltaron y todos los prisioneros quedaron en libertad. Cuando el carcelero despertó y se dio cuenta de que las puertas de la cárcel estaban abiertas y que todos los prisioneros habían escapado, su reacción fue quererse quitar la vida con su propia espada, ya que en aquella época un carcelero que permitía a un preso escapar era condenado a muerte. Pablo lo detuvo y aprovechó la situación para convertir al carcelero y a su familia a la fe en Jesús. Ante la pregunta del carcelero "Señores, ¿qué tengo que hacer para salvarme? Le respondieron: 'Ten fe en el Señor Jesús y te salvarás tú y tu casa'" (16:30-31).

Justo al amanecer llegó la indicación a la cárcel de que los dejaran ir. Pablo les informó que él era un ciudadano romano y que tenía derecho a un juicio ante las autoridades romanas, exigiendo que los magistrados viniesen a sacarlos de la cárcel. Llenos de miedo cuando se enteraron de que Pablo era ciudadano romano, los magistrados le escoltaron fuera de la cárcel y le pidieron que se fuera de la ciudad. Conviene mencionar que en aquella época la ciudadanía romana se podía obtener de tres diferentes formas: por nacimiento, comprándola a un alto precio o habiendo servido en el ejército durante un período prolongado. En el caso de Pablo, el libro de los Hechos nos informa que nació ciudadano romano (Hch 22:27-28), ya que más de cien años antes del nacimiento de Pablo, en la ciudad de Tarso, Marco Antonio, antiguo gobernante del Imperio Romano, confirió la ciudadanía a los habitantes de dicha ciudad por haberlo defendido, derecho que pasaría a las siguientes generaciones. En aquella época ser ciudadano romano era todo un privilegio.

Preguntas de reflexión y repaso

1. ¿Por qué fueron enviados a Antioquía de Siria Pablo y Bernabé?
2. ¿Qué sucedió entre Bar Jesús, y Pablo y Bernabé?
3. ¿Cuál fue el resultado de la predicación de Pablo en Iconio?
4. ¿Por qué Pablo y Bernabé decidieron separarse para el resto de sus viajes misioneros?
5. ¿Por qué se molestaron los amos de la muchachita de la que Pablo expulsó un demonio?
6. ¿Cómo se liberó Pablo de las cadenas que le sujetaban en la prisión? ¿Qué mensaje nos está tratando de transmitir con ello el autor de Hechos de los Apóstoles?

Oración final *(ver página 15)*

Hacer la oración final ahora o después de la *Lectio divina*.

Lectio divina *(ver página 8)*

Relaja tu cuerpo y mantén una postura de oración (espalda recta, ojos cerrados, pies en el piso). Puedes tomar todo el tiempo que quieras para hacer este ejercicio, pero se considera que para los fines de este estudio bíblico, de 10 a 20 minutos es suficiente.

Las meditaciones que se proporcionan a continuación tienen como finalidad simplemente ayudar a los participantes del grupo a utilizar esta forma de oración, pero ten en cuenta que la finalidad de la *Lectio divina* es llevar a la persona a la contemplación orante, donde la Palabra de Dios hable al corazón (para mayor información, ve la página 8).

Pedro informa a la comunidad de Jerusalén sobre el bautismo de los gentiles *(11:1-18)*

Pasa de 8 a 10 minutos en contemplación silenciosa del siguiente pasaje:

Por siglos y siglos los miembros del pueblo judío se habían considerado a sí mismos como los seguidores del Señor Dios, con quienes Él había hecho una alianza cuando le prometió a Abrahán: "estableceré mi alianza entre nosotros dos [...] una alianza eterna, de ser yo tu Dios y el de tu posteridad" (Gn 17:7). ¡Podemos imaginar la conmoción que causaron las acciones de Pedro entre los primeros cristianos procedentes del Judaísmo cuando bautizó a gentiles! Lo maravilloso es que la comunidad comprendió que Jesús había venido para todos, judíos y no judíos. Vemos así en el libro de los Hechos de los Apóstoles cómo Dios iba actuando poco a poco y los problemas y las trabas se iban solucionando. Lo mismo sucede en la Iglesia de hoy en día y en nuestras vidas, Dios sigue actuando.

✠ *¿Qué puedo aprender de este pasaje?*

La Iglesia en Antioquía (11:19-30)

Pasa de 8 a 10 minutos en contemplación silenciosa del siguiente pasaje:

En esta ocasión se cumplió aquello que se dice de que no hay mal que por bien no venga. La persecución en Jerusalén llevó a quienes conocían la Buena Nueva a abandonar dicha ciudad y buscar refugio en otros lugares. De esta forma, el mensaje se difundió aún más. A través de las diversas épocas, esta historia se ha repetido: el nombre de Jesús llega a más lugares llevado por aquellos que buscan mejores condiciones de vida. Su aportación es inmensa, aunque ellos no lo sepan. Sus enseñanzas y testimonio cambian vidas y dan esperanza. Detrás de ellos está el Espíritu Santo, verdadero artífice de la evangelización, como lo vemos en los Hechos de los Apóstoles.

✠ *¿Qué puedo aprender de este pasaje?*

Herodes persigue a los cristianos (12:1-24)

Pasa de 8 a 10 minutos en contemplación silenciosa del siguiente pasaje:

Pedro fue liberado de la cárcel y fue a donde se reunía la comunidad. Lo primero que hizo fue ir a ver a por los suyos, para saber cómo estaban y pedirles que informaran a Santiago de lo que había pasado. Qué alentador es ver la actitud de Pedro: corrió a prevenir a los suyos, no a esconderse. Aquel hombre que había negado tres veces a Jesús, ahora, lleno del Espíritu Santo, era capaz de ver primero por los demás.

✠ *¿Qué puedo aprender de este pasaje?*

Primera misión de Saulo y Bernabé (13:1-12)

Pasa de 8 a 10 minutos en contemplación silenciosa del siguiente pasaje:

Pablo en su segunda carta a los Corintios, escribió que tenía una razón por la que cual llamarse a sí mismo "ministro del Señor"; y esta consistía en superar al resto de los fieles en: "trabajos, en cárceles, en azotes y en peligros de muerte" (cfr. 11:23). Su amor por Cristo se convierte en un ideal para nosotros, nos anima a hacer de Cristo el centro de nuestra vida, sin importar lo que cueste. La principal preocupación de Pablo es que otros lleguen a conocer a Cristo a

---

través de sus enseñanzas y ejemplo. Nos invita a ser sus imitadores, así como él lo es de Cristo. Fijémonos como él no está pidiendo que soportemos y pasemos por lo que él pasó, sino que espera ser un buen ejemplo para nosotros y para el mundo de que Jesús vive.

✠ *¿Qué puedo aprender de este pasaje?*

Discurso de Pablo a los judíos y a los gentiles (13:13-52)

Pasa de 8 a 10 minutos en contemplación silenciosa del siguiente pasaje:

Cuando algunos de los judíos rechazaron a Pablo y a Bernabé, y sus enseñanzas sobre Jesús, estos no abandonaron su misión, sino que vieron en este rechazo la voluntad de Dios para que el mensaje fuese llevado a los gentiles. Siguiendo el ejemplo de Pablo, los cristianos no debemos permitir que el desánimo y el desaliento nos detengan. Que nuestro amor a Cristo y nuestro deseo de que cada alma encuentre en Él su salivación sea nuestro motor y aliento. Pablo nos enseña que lo que importa no es lo que nos pasa, sino cómo reaccionamos.

✠ *¿Qué puedo aprender de este pasaje?*

Pablo y Bernabé siguen con su misión (14:1-28)

Pasa de 8 a 10 minutos en contemplación silenciosa del siguiente pasaje:

Estamos asistiendo a los primeros pasos de lo que será la evangelización de los pueblos, actividad prioritaria de la Iglesia en esa época y en nuestros días. La evangelización no es otra cosa que la proclamación incesante de la Buena Nueva. ¿Qué habría sucedido si Bernabé y Pablo no se hubiesen tomado en serio la misión de llevar el Evangelio a las zonas del imperio que les encomendó la comunidad de Antioquía? Algunas veces fueron acogidos, pero otras también fueron rechazados. Pero ellos, fieles a su misión, iban de una ciudad a otra, experimentando éxitos y fracasos, llevando adelante su misión de heraldos del Reino de Dios. De ellos podemos aprender dos cosas: primero, que todos los cristianos tenemos una misión que cumplir y segundo, que a ejemplo de Bernabé y Pablo, debemos actuar siempre con pureza de intención, no buscando nuestra gloria, ni que nos feliciten, sino la gloria de Dios, el bien de la Iglesia y de los hombres.

✠ *¿Qué puedo aprender de este pasaje?*

El Concilio de Jerusalén (15:1-35)

Pasa de 8 a 10 minutos en contemplación silenciosa del siguiente pasaje:

Este Primer Concilio fue y es sumamente importante porque en él los gentiles fueron aceptados como discípulos de Jesús sin tener la obligación de cumplir las leyes y prácticas judías. A este Primer Concilio han seguido muchos, que han servido para dirigir el desarrollo de la Iglesia de acuerdo con lo que está llamada a ser.

¿Qué puedo aprender de este pasaje?

Pablo y Bernabé se separan (15:36-41)

Pasa de 8 a 10 minutos en contemplación silenciosa del siguiente pasaje:

Tanto Pablo como Bernabé tenían un profundo deseo de seguir adelante con la misión de difundir la fe en todo el mundo conocido. La decisión que tomaron de separarse, según nos dice el libro de los Hechos, se debió a que Bernabé quería llevar con ellos a Juan, de sobrenombre Marcos; pero Pablo no quería, pues este los había abandonado en Panfilia. La discusión se hizo tan violenta, que decidieron separarse. Aquí entraron en juego dos personalidades diferentes, por un lado Bernabé parece aceptar que Juan Marcos se haya equivocado y cree necesario superar lo pasado; Pablo, por otro lado, estaba más interesado en la estabilidad de la labor misionera. Este pasaje nos muestra que dos personas muy buenas pueden tener grandes diferencias, incluso cuando se trata de las actividades misioneras. Si Pablo y Bernabé tuvieron diferencias, no debería sorprendernos el que muchas personas buenas tengan un enfoque diferente a la hora de realizar algún ministerio. De cualquier forma, conviene anotar que más adelante Juan Marcos se unió a Pablo en un viaje misionero.

✠ *¿Qué puedo aprender de este pasaje?*

Timoteo acompaña a Pablo (16:1-5)

Pasa de 8 a 10 minutos en contemplación silenciosa del siguiente pasaje:

Aprendamos de Timoteo, quien fue circuncidado por el bien de la misión. Seguramente no fue algo que él quisiera, pero veía en ello un medio para llevar la Palabra de Dios a más personas. Pasando ahora a nosotros hombres y mujeres del siglo XXI, cuántas veces no queremos hacer algo o nos da pereza o simplemente no "tenemos ganas". Pensemos cuánto bien se pude dejar de hacer con esas actitudes. Pero, gracias a Dios, diariamente muchísimas personas en el mundo hacemos lo que tenemos que hacer. Lo hacemos por el bien de la familia, por el bien de los demás, por el bien la misión, por el bien de la Iglesia, porque es nuestra obligación, porque se nos pidió que lo hiciéramos. Las motivaciones pueden ser muy variadas, pero el resultado es que a final de cuentas las cosas se hacen, a pesar de que no "tengamos ganas".

✠ *¿Qué puedo aprender de este pasaje?*

Viaje a Macedonia (16:6-15)

Pasa de 8 a 10 minutos en contemplación silenciosa del siguiente pasaje:

Pablo y los suyos fueron capaces de ver en aquellos acontecimientos la mano de Dios. Sea para nosotros una lección de cómo ver la vida con ojos de fe. Lo que para los hombres puede ser una simple coincidencia, para los que creemos en Dios son "diosidencias".

✠ *¿Qué puedo aprender de este pasaje?*

Pablo y la joven adivina (16:16-40)

Pasa de 8 a 10 minutos en contemplación silenciosa del siguiente pasaje:

En este pasaje vemos la terrible realidad de cómo algunos seres humanos usan a otros. Esto sucedía en la época de Pablo y sucede en nuestros días. Esta muchachita, que poseía el don de adivinar, era una víctima de aquellos que obtenían un beneficio económico a costa de su don. Ella no contaba, lo que valía era lo que hacía para sus amos. Esta es una enseñanza para nosotros, para que aprendamos a ver en las personas, no el beneficio que nos proporcionan, sino lo que son a los ojos de Dios: sus criaturas, hechas a su imagen y semejanza

✠ *¿Qué puedo aprender de este pasaje?*

PARTE 2: ESTUDIO INDIVIDUAL (HCH 17-19)

Día 1: Problemas con los judíos de Tesalónica (17:1-15)

Pablo y Silas llegaron a Tesalónica. Visitaron la sinagoga judía, donde Pablo buscaba hacer comprender a sus oyentes que el Mesías tenía que sufrir y resucitar de entre los muertos, y que Jesús, a quien él les anunciaba, era el Mesías. Ese argumento convenció a algunos de los judíos, a un gran número de mujeres influyentes y de gentiles de nacionalidad griega.

Como era costumbre, los judíos agitaron a las multitudes contra Pablo y sus compañeros. En esta ocasión alborotaron a un grupo de maleantes que habitaban cerca del arroyo. Se presentaron en casa de Jasón donde al parecer residían Pablo y Silas, para sacarlos y llevarlos a compadecer ante la asamblea del pueblo. El problema fue que, al no encontrarlos, se llevaron a Jasón a quien acusaron de dar hospedaje a Pablo y Silas. Los apóstoles estaban acusados de "han revolucionado al mundo" (17:6), de hablar en contra de los decretos del César y de afirmar que había otro rey: Jesús.

El cristianismo siguió extendiéndose gracias a la perseverancia de estos valientes hombres, quienes en esta ocasión llegaron a Berea, dirigiéndose de inmediato a la sinagoga a predicar. Su mensaje fue recibido con interés. Diariamente estudiaban las Escrituras para entender mejor el mensaje. Una vez más las conversiones se dieron. Al enterarse los judíos de Tesalónica del éxito de Pablo, se encargaron de crear inquietud y animadversión entre la gente. Pablo tuvo que abandonar la ciudad, mientras que Silas y Timoteo todavía permanecieron en ella.

Lectio divina

Dedica entre 8 y 10 minutos a la contemplación silenciosa del siguiente pasaje:

La envida fue la causa de muchos de los problemas a los que Pablo y los otros apóstoles tuvieron que enfrentarse. Actitud tan antigua y tan nueva como el periódico de hoy en la mañana. La envidia acaba con amistades, trabajos, familias, comunidades. Ha dejado y sigue dejando un rastro de destrucción en la vida de muchos. ¿Envidioso o envidiosa yo?

✠ *¿Qué puedo aprender de este pasaje?*

Día 2: Pablo en Atenas (17:16-34)

Finalmente Pablo llegó a Antenas, ciudad principalísima de la antigüedad, capital de la cultura y centro de la filosofía. El Apóstol se tenía que enfrentar a un nuevo reto. En el pasado había hablado ante judíos que no entendían a Jesús y su mensaje; había tenido que aclarar quién debía observar la ley de Moisés y quién no; había tenido que ver por la naciente comunidad de gentiles que se convertían en seguidores de Jesús. En Atenas se enfrentaría al politeísmo, es decir, a la veneración de varios dioses, cosa inaudita para un judío como él que desde siempre había creído en un solo Dios.

Hablaba en la calle con los que por ahí pasaban, con algunos de los grupos de filósofos griegos como los epicúreos y los estoicos, quienes intentaban entender el mundo a través de la sola razón humana. También trataban de mostrar una armonía entre los dioses y la humanidad. Cuando escucharon a Pablo, creyeron que estaba hablando de dioses extranjeros, uno llamado "Jesús" y el otro "Resurrección".

Los filósofos llevaron Pablo al Areópago, lugar en que el Consejo se reunía. Esto lo hacían más por curiosidad que por querer entender sus enseñanzas. Los movía el deseo de escuchar algo nuevo. Pablo inició un largo discurso, reconociendo que los atenienses eran hombres sumamente religiosos, que tenían un altar con la inscripción "Al dios desconocido" (17:23). Venía a hablarles de ese dios desconocido, ya que lo adoraban sin conocerlo. "El Dios que hizo el mundo y todo lo que hay en él, que es Señor del cielo y de la tierra, no habita en santuarios fabricados por mano de hombres" (17:24) y que no necesita el servicio de los seres humanos. Predicó sobre un Dios que tiene el control de la historia.

Un Dios que "no se encuentra lejos de cada uno de nosotros; pues en él vivimos, nos movemos y existimos [...], 'Porque somos también de su linaje'" (17:27-28). Pablo les dijo que en el pasado, las naciones podrían argüir ignorancia respecto a su conocimiento de Dios, pero ahora ya no, ya que Dios llamaba a todas las personas en todos los lugares a arrepentirse. Les decía que el día de la sentencia llegaría por medio de un hombre que había sido acreditado por Dios ante todos, resucitándolo de la muerte. Todo iba bien hasta la mención de la resurrección de los muertos. Esto dio pie a burlas y a que otros lo evitaran, diciéndole que en otra ocasión lo escucharían hablar sobre ese asunto. Pero, aun después del rechazo y desprecio del que fue objeto, algunos abrazaron la fe.

Lectio divina

Dedica entre 8 y 10 minutos a la contemplación silenciosa del siguiente pasaje:

Los griegos tenían muchos dioses y encontraron la idea de un solo Dios demasiado simple y francamente tonta. Para ellos, un solo Dios no tenía la capacidad para guiar al mundo. Según ellos, eran necesarios varios. Además, Pablo les predicó acerca de un Dios de amor, idea que algunos rechazaron inmediatamente, mientras que otros la acogieron de corazón. La aventura por la que pasó Pablo en Atenas nos recuerda que la fe en el único Dios verdadero es un don inmerecido, que es recibido por aquellos que están abiertos a escuchar el mensaje de Jesús.

✠ *¿Qué puedo aprender de este pasaje?*

Día 3: Pablo en Corinto (18:1-23)

Tocó a la ciudad de Corinto el turno de que Pablo la vistara. Su privilegiada posición geográfica hacía de ella un territorio clave. Su localización en el istmo que une el Peloponeso con la Grecia continental, le permite ser la puerta de entrada entre el sur y el norte de Grecia. En aquella época, Corinto era una ciudad muy importante, inclusive "cosmopolita." Al ser un puerto marítimo, en ella confluían las culturas del este y del oeste del Mar Mediterráneo. Era famosa por su comercio, sus templos, la opulencia de algunos y la pobreza de muchos. Fue a la comunidad de Corinto a la que Pablo escribió la famosa carta que trata, entre otras cosas, sobre el amor (1 Cor 13:1-13). "Si no tengo caridad, nada soy" (1 Cor 13:2).

En Corinto, Aquila y Priscila, quienes son mencionadas varias veces en las cartas de Pablo, se convierten en sus compañeras de trabajo. Pablo siguió predicando, como siempre, acudiendo en primer lugar a la sinagoga, enseñando que Jesús era el Mesías. Al ser rechazado por los judíos, dirigió su enseñanza a los gentiles. En una visión nocturna, el Señor confirmó a Pablo en su ministerio: "No tengas miedo, sigue hablando y no te calles; porque yo estoy contigo y nadie te atacará para hacerte mal" (18:9-10). Pablo se quedó ahí año y medio.

Habiendo dejado Corinto, emprendió un viaje que le llevaría a visitar varias comunidades buscando fortalecer la fe de los discípulos. Llegó hasta Antioquía, la cual es considerada su base. Así concluyó su segundo viaje misionero. Después de un tiempo, partió de nuevo. Al ver todas las vicisitudes por las que tuvo que pasar Pablo en Corinto –injurias, malentendidos, trabajo, conversiones y acusaciones– podemos ver cómo verdaderamente predicar el Evangelio fue y sigue siendo una gran aventura.

Lectio divina

Dedica entre 8 y 10 minutos a la contemplación silenciosa del siguiente pasaje:

Los viajes misioneros de Pablo nos recuerdan las dificultades a las que tuvieron que enfrentarse los primeros seguidores de Jesús. Algunos tenían que viajar para predicar, mientras que otros permanecían en su tierra viviendo lo que se les había enseñado. De una u otra forma, vivir el mensaje de Jesús era un compromiso riesgoso. Hoy en día las cosas no han cambiado mucho. En algunas regiones de la tierra, ser seguidor de Jesús sigue implicando un alto riesgo. Para muchos de nosotros, el desafío de vivir nuestra fe en Cristo rara vez nos pone en peligro de muerte, pero tenemos el reto de dar testimonio de ella en una sociedad secular donde esta a menudo es menospreciada y vista como algo sin utilidad; la posesión de riquezas materiales, en cambio, es exaltada. Profesar y vivir nuestra fe con coherencia puede llevarnos a ser ridiculizados, a ser acusados de fanáticos e incluso rechazados. ¡Vivir una vida cristiana, en cualquier época, es siempre un reto!

✠ *¿Qué puedo aprender de este pasaje?*

Día 4: Apolo en Éfeso (18:24-28)

Un hombre llamado Apolo, que era un judío conocedor de la Escritura, llegó a Éfeso. Se nos dice que solamente conocía el bautismo de Juan el Bautista y que fue "catequizado" por Aquila y Priscila, quienes le enseñaron con mayor detalle acerca del "camino de Dios". Fue bautizado en el nombre de Jesús. El libro de los Hechos nos presenta a Apolo como un hombre que prestó un gran servicio a los que habían recibido la gracia de la fe. Apolo es mencionado varias veces en la primera carta de Pablo a los Corintios.

Lectio divina

Dedica entre 8 y 10 minutos a la contemplación silenciosa del siguiente pasaje:

Pablo escribió en su primera carta a los Corintios: "Cuando dice uno 'Yo soy de Pablo', y otro 'yo soy de Apolo' [...] ¿qué es, pues, Apolo?, ¿Qué es Pablo? ¡Servidores, por medio de los cuales han creído!, y cada uno según el don del Señor" (1Cor 3:4). Lo que nos quiere decir es que lo verdaderamente importante es Dios y que todos pertenecemos a Jesucristo, no importa quién nos bautice, quien nos evangelice, a que parroquia pertenezcamos o de qué grupo formemos parte.

✠ *¿Qué puedo aprender de este pasaje?*

Día 5: Pablo en Éfeso (19:1-20)

Durante dos años, Pablo estuvo en Éfeso y fue así como los habitantes, tanto judío como griegos de esa región asiática, escucharon la Palabra del Señor. Obviamente, esa actividad misionera no estuvo exenta de dificultades. Inició como siempre enseñando en la sinagoga y acabó haciéndolo en algún otro lugar por haber sido expulsado de esta.

Durante esa época, Pablo se encontró con un grupo de doce hombres que habían recibido el bautismo de Juan, el cual era un bautismo de arrepentimiento, sin embargo no habían oído hablar del Espíritu Santo. Pablo les impuso las manos y vino sobre ellos el Espíritu. También curó a enfermos y expulsó espíritus malignos. De hecho, la historia que se nos presenta sobre los exorcismos, demuestra que Pablo no curaba a través de la magia, sino por la fe en Jesucristo. Como resultado, muchos judíos y griegos se convirtieron en seguidores de Jesús, y como signo de la autenticidad de su conversión, entregaron sus libros de magia para que fuesen quemados. "De esta forma la palabra del Señor crecía y se difundía poderosamente" (19:20).

Lectio divina

Dedica entre 8 y 10 minutos a la contemplación silenciosa del siguiente pasaje:

Los siete hijos del sumo sacerdote Escevas creían que con pronunciar el nombre de Jesús se produciría un efecto, como si fuese magia. Lo triste es que han pasado casi dos mil años y todavía hay personas que creen en la magia, los horóscopos, las cartas y demás supersticiones. Sigue habiendo quién se dedique a ello como medio de subsistencia y quién los consulte pagándoles dinero. La predicación del nombre de Jesús es hoy en día tan necesaria e importante como lo fue en la época de Pablo.

✠ *¿Qué puedo aprender de este pasaje?*

Día 6: Pablo y los plateros (19:21-40)

Pablo estaba pensando viajar a Macedonia y a Jerusalén, y de ahí dirigirse otra vez hacia Roma, cuando en Éfeso se alzó una revuelta en su contra. La revuelta estaba encabezada por Demetrio, un platero que temía una conversión masiva al cristianismo. Dicha conversión pondría en riesgo su negocio de fabricación de reproducciones en plata del templo de Artemisa.

El gremio de los plateros se alarmó, se pusieron a gritar, se produjo un gran tumulto que arrastró a los compañeros de Pablo hacia el teatro donde se reunía la asamblea. La acertada intervención del secretario, haciendo un llamado a la calma y a la cordura, logró serenar la situación.

Lectio divina

Dedica entre 8 y 10 minutos a la contemplación silenciosa del siguiente pasaje:

Había un santuario en honor de Artemisa en Éfeso. Artemisa era una importante diosa de la fertilidad que atraía a peregrinos de otras tierras. También en Éfeso, Pablo enseñaba que los dioses que se fabricaban con manos humanas, no eran dioses. Estas dos realidades, una divina y otra humana, chocaron. Lo mismo nos sucede hoy en día: por un lado, se encuentra la realidad de que tenemos que llevar comida a la mesa, pagar nuestras facturas, etc. y, por otro, tenemos que mantenernos fieles y firmes en las enseñanzas de Jesús. He aquí el reto: cubrir nuestras necesidades materiales y las de los nuestros, siempre con la cabeza en alto y las manos limpias.

✠ *¿Qué puedo aprender de este pasaje?*

Preguntas de reflexión y repaso

1. ¿Cómo aprovechó Pablo la existencia del altar al Dios Desconocido en Atenas?
2. ¿Por qué la gente de Atenas rechazó a Pablo?
3. ¿Qué dificultades tuvo que afrontar Pablo en Corinto? ¿Por qué?
4. ¿Qué le pasó a Pablo en Éfeso?
5. ¿Quién era Apolo?
6. ¿Por qué Pablo tuvo dificultades con los plateros?

LECCIÓN 10

Pablo es encarcelado y llevado a Roma

HECHOS DE LOS APÓSTOLES 20-28

Con el auxilio de Dios hasta el presente me he mantenido firme dando testimonio a pequeños y grandes sin decir cosa que esté fuera de lo que los profetas y el mismo Moisés dijeron que había de suceder: que el Cristo había de padecer y que, después de resucitar el primero de entre los muertos, anunciaría la luz al pueblo y a los gentiles" (Hch 26:22-23).

Oración inicial *(ver página 15)*

Contexto

Parte 1: Hechos de los Apóstoles 20-24: Pablo se dedica a viajar llevando la fe o confirmando en esta a las diversas comunidades que encontraba. También se despide de algunas de ellas. Va a Jerusalén, donde tiene que defenderse de las acusaciones hechas en su contra. Es arrestado en el Templo donde la multitud amotinada pedía su muerte. En un discurso explica cómo realizó su misión. Llevado ante el Consejo, provoca una discusión sobre la Resurrección. Es llevado a Félix, el gobernador, quien lo somete a juicio. Defendiéndose Pablo, afirma que "el Camino" no era otra cosa que la continuación y culminación del judaísmo.

Parte 2: Hechos de los Apóstoles 25-28: Pablo, siendo ciudadano romano, apela al derecho que tenía a ser juzgado en Roma. Todavía en Cesarea es presentado ante el rey Agripa y en su presencia pronuncia un valioso discurso, donde una vez más afirma que Jesús le había enviado como servidor y testigo suyo. El veredicto es que no había hecho nada malo, pero que tenía que ir a Roma porque había apelado al emperador. De camino a Roma el barco en que viajaba es alcanzado por una tempestad, encalla y Pablo vive durante tres meses en la isla de Malta. De ahí parte finalmente para Roma donde es acogido por la comunidad. En Roma sigue desempeñando su actividad misionera durante dos años.

PARTE 1: ESTUDIO EN GRUPO (HCH 20-24)

Leer en voz alta Hechos de los Apóstoles 20-24

Pablo resucita a un joven (20:1-12)

Después de los disturbios, Pablo se quedó un tiempo en Éfeso para alentar y fortalecer la fe de los discípulos. Después siguió con su viaje. Una vez llegado a Grecia, permaneció ahí tres meses. Cuando se disponía a embarcarse para Siria, decidió no ir, porque había algunos judíos que habían hecho planes en su contra, por lo que siguió por tierra rumbo a Macedonia.

Es allí donde por primera vez leemos en el libro de los Hechos acerca de la comunidad reuniéndose en domingo para la Fracción del Pan. Los cristianos veían este día como el día del Señor, el octavo día de la creación o el amanecer de la nueva creación. En un principio la comunidad se reunía ese día para celebrar la Eucaristía, esto es, la Fracción del Pan, por ser el día en el que Jesús resucitó de entre los muertos.

Puesto que Pablo pretendía salir al día siguiente, según parece, decidió predicar la totalidad del mensaje cristiano en una noche. Como no dejaba de hablar, un joven fue vencido por el sueño y se cayó desde la ventana del tercer piso donde estaba sentado. Al caer murió. Cuando Pablo lo supo, se apresuró a alzarlo entre sus brazos y abrazándolo les dijo: "No se inquieten, pues su alma está en él" (20:10).

Viaje y despedida (20:13-38)

Pablo continuó su viaje misionero acompañado de un grupo de discípulos. Su finalidad era dar a conocer a Jesús; su método, predicar en cuantos lugares le fuese posible; su tiempo, todo para Dios. Aunado a esa entrega total, encontramos la acción del Espíritu Santo, que va guiando y rigiendo la vida de la comunidad y de Pablo, el "apóstol de los gentiles".

En Mileto, el libro de los Hechos nos presenta el tercer discurso largo dado por Pablo, discurso que se convierte en su discurso de despedida. En él se entrevé el mismo espíritu de los discursos de despedida de los personajes del Antiguo Testamento y de Jesús. Para esta ocasión Pablo convocó a los ancianos de la comunidad de Éfeso, a quienes habló sobre su servicio al Señor a pesar de las amenazas en su contra. Les expuso cómo siempre había sido fiel a su misión, haciendo todo aquello que pudiera ayudar para predicar el arrepentimiento y la fe en Jesús. Esto lo había hecho tanto en público como en privado, con judíos y griegos. Les comunicó que "encadenado en el Espíritu" (20:22) se dirigiría a Jerusalén sin saber lo que allí le esperaba.

Continuó su discurso poniendo en sus manos la responsabilidad de predicar el Evangelio y de cuidar las almas de los fieles. Les puso en guardia de que iba a haber personas que tratarían de dividir la comunidad siendo como "lobos crueles que no perdonarán al rebaño" (20:29). Terminó poniéndose como modelo de entrega, al haber predicando sin cesar durante tres años, exhortándolos a no buscar nada para sí mismos. Arrodillado y rezando puso punto final a su discurso.

Pablo hacia Jerusalén y en Jerusalén (21:1-26)

Se inició el tercer viaje de Pablo, que terminaría en Roma. Tenemos que comprender que viajar en aquella época no era fácil. Los medios de comunicación no eran como los de ahora, los traslados tomaban mucho tiempo. Además, Pablo aprovechaba para visitar a las comunidades cristianas que encontraba en su camino. En el camino, personas movidas por el Espíritu advirtieron a Pablo que no fuera a Jerusalén. Pero para Pablo eso no tenía sentido. Les dijo: "¿Por qué han de llorar y destrozarme el corazón? Pues yo me encuentro dispuesto no sólo a ser atado, sino a morir también en Jerusalén" (21:13).

En cada ciudad la despedida se repetía, acompañada siempre de una oración. En Judea, un profeta llamado Ágabo tomó el cinturón de Pablo y se ató sus propias manos y pies con él, profetizando cómo sería tratado Pablo por los judíos de Jerusalén, entregándolo a los gentiles. En el Antiguo Testamento, los profetas a menudo actuaban su profecía (Is 20:2 ss; Jr 13:1 ss.; Ez 4:1 ss). El paralelo entre Pablo y Jesús se hace más explícito, ya que Jesús también fue entregado por los judíos a los gentiles.

Cuando Pablo llegó a Jerusalén, la comunidad lo acogió con calidez. Visitó a Santiago y a los ancianos, a quienes les expuso "les fue exponiendo una a una todas las cosas que Dios había obrado entre los gentiles" (21:19). Los líderes de la Iglesia en Jerusalén dijeron a Pablo que corrían rumores de que él aconsejaba a los judíos conversos que vivían en las ciudades griegas no seguir la ley de Moisés. Los líderes estaban preocupados por estos rumores.

No hay constancia de que Pablo hubiese aconsejado eso a los judíos. Para contrarrestar los rumores, los líderes de la Iglesia en Jerusalén aconsejaron a Pablo que fuera al Templo a purificarse para dar una muestra de su adhesión a la ley. Así lo hizo, pero aun así tuvo que hacer frente en el Templo a una confrontación más.

Pablo es arrestado (21:27-40)

A medida que el final del período de siete días de purificación se acercaba, algunos judíos de la provincia de Asia reconocieron a Pablo en el Templo y comenzaron a agitar a la multitud acusándolo de ignorar la ley de Moisés y de llevar a un griego al recinto sagrado. La prohibición en contra de llevar a un no-judío al Templo era tan rígida, que era castigada ahorcando al no-judío y al que lo había llevado. Para evitar el derramamiento de sangre, la gente arrastró a Pablo fuera y comenzaron a golpearlo hasta que un comandante romano intervino.

Era tan grande la conmoción, que el comandante no podía entender el motivo de los disturbios. Pablo fue llevado por los solados a la fortaleza para protegerlo. La turba le seguía gritando: "¡Mátalo!" (21:36). Esto recuerda los gritos de la multitud que hicieron que Jesús fuese crucificado. Pablo se comunicó con el comandante en griego. El uso del griego llamó la atención al comandante, pues creía que Pablo era un egipcio que había encabezado unos años antes un motín de cuatro mil hombres. Pablo se identificó a sí mismo como judío, ciudadano de Tarso, y pidió permiso para dirigirse a la multitud. Dirigió un discurso en hebreo.

Defensa de Pablo (22:1-30)

En medio del alboroto, Pablo se dirigió a la multitud judía en su propio idioma, logrando así captar su atención. Comenzó por presentarse como judío, nacido en Tarso, educado en Jerusalén por el maestro Gamaliel y celoso defensor de Dios. Prosiguió recordándoles que había perseguido a aquellos que seguían "el Camino". Tal era su afán de proteger las enseñanzas y tradiciones judías, que se dirigía hacia Damasco a arrestar a los cristianos, dando una segunda versión de su conversión en el camino a Damasco. Les narró como escuchó una voz que decía: "Yo soy Jesús Nazareno a quien tú persigues" (22:8).

Fue llevado a Damasco por haberse quedado ciego. Ahí Ananías, un judío devoto y admirado, fue enviado a bautizarlo y a anunciarle la misión que Dios tenía para él: "El Dios de nuestros padres te ha destinado para que conozcas su voluntad, veas al Justo y escuches la voz de sus labios, pues le has de ser testigo ante todos los hombres de lo que has visto y oído" (22:14-15). Afirmó así ante los ahí presentes que predicaba el Evangelio a los gentiles porque Dios se lo había encomendado. Al oír la palabra "gentiles", las personas se enfurecieron, al punto de decir: "¡Quita a ése de la tierra!; ¡no merece vivir!" (22:22).

El comandante, que al parecer no entendía hebreo, se lo llevó al cuartel para torturarlo, intentando obtener información acerca de la razón de los disturbios. Cuando la flagelación estaba a punto de comenzar, Pablo le preguntó sí era legal azotar a un ciudadano romano. Esta afirmación hizo que el escenario cambiara totalmente, pues los ciudadanos romanos gozaban de ciertos privilegios. Al final decidió liberarlo para que fuera a reunirse con los sumos sacerdotes y así saber con certeza de qué lo acusaban.

Pablo ante el Sanedrín (23:1-11)

Una vez más el libro de los Hechos nos presenta un paralelismo entre lo que le sucedió a Pablo con lo que le había sucedido a Jesús, ya que al igual que este fue abofeteado por el Sumo Sacerdote por declarar la verdad. Pero, a diferencia de Jesús, quien no contestó a las acusaciones que se le hacían, Pablo introdujo un tema controvertido ante la asamblea del Sanedrín: la resurrección. Él bien sabía que este causaría conflicto entre la asamblea.

El conflicto surgía porque los fariseos creían que los libros de la ley y los profetas constituían la verdadera Escritura, mientras que los saduceos creían que los libros de la ley eran los únicos válidos. Como resultado de ello, los fariseos creían en la resurrección de los muertos, el cual es un concepto que apareció después del Pentateuco. Los saduceos no creían en ella porque, en los primeros cinco libros de la Biblia, lo que ellos consideraban la ley, no se hacía ninguna referencia. Estando así las cosas, los fariseos tomaron partido por Pablo queriendo liberarlo, mientras que los saduceos querían castigarlo.

Estalló una riña. El comandante, temiendo por la vida de Pablo, se lo llevó de nuevo al cuartel. Esa noche se le apareció el Señor que le dijo: "¡Ánimo!, pues como has dado testimonio de mí en Jerusalén, así debes darlo también en Roma" (23:11).

Pablo es llevado a Cesarea (23:12-35)

Pablo fue víctima de un complot. Cuarenta judíos se comprometieron bajo juramento a no comer ni beber hasta haber dado muerte a Pablo y pactaron con el Sanedrín para tenderle una trampa. Al enterarse el sobrino de Pablo, fue al cuartel a decírselo al comandante. El Sanedrín planeaba pedirle al comandante que se lo llevase so pretexto de tener que seguir interrogándolo. Antes de que llegara al lugar del interrogatorio, le tenderían una emboscada y lo matarían. Entonces el comandante decidió enviar secretamente a Pablo a otra ciudad.

Esa misma noche y bajo fuerte custodia, comenzó el traslado de Pablo. Al llegar a Cesarea, fue entregado a Félix, el gobernador de Palestina, junto con una carta de presentación que decía: "Este hombre había sido apresado por los judíos y estaban a punto de matarlo cuando, al saber que era romano, acudí yo con la tropa y le libré de sus manos" (23:27). Con esto explicaba que los problemas tenían que ver con la ley judía y no con el derecho romano, por lo que no había cargos suficientes para encarcelarlo o condenarlo a muerte. Al enterarse Félix de que Pablo era de Cilicia, le dice que tiene la autoridad para juzgarlo, pero que lo hará una vez que se presentaran sus acusadores. Pone a Pablo bajo vigilancia.

Pablo es enjuiciado ante Félix (24:1-27)

Cinco días después se presentaron el sumo sacerdote, algunos ancianos y Tértulo (un abogado), ante Félix en Cesarea para presentar cargos contra Pablo. Por lo general los juicios se llevaban a cabo mediante la presentación del caso, seguido del testimonio de terceros quienes atestiguaban en favor de lo dicho. Además se contaba con la presencia de un abogado, quien normalmente era un gran orador, que presentaba muy buenos argumentos y los debatía de manera magistral. Las acusaciones presentadas contra Pablo eran similares a las que fueron presentadas contra de Jesús. Le acusaban de ser un alborotador, de promover la discordia entre los judíos y que, de no haber sido detenido a tiempo, habría profanado el Templo. También le acusan de ser líder de una secta llamada los "nazarenos", que era el nombre dado a los cristianos por los judíos. Estas acusaciones fueron corroboradas por otros judíos.

Cuando tocó el turno a Pablo de hablar, este desafió las acusaciones diciendo que solo había estado doce días en Jerusalén, de peregrinación. Admitió que seguía a "el Camino", pero negó haber discutido con alguien o haber amotinado a la población. Pablo aceptó que aquellos que le acusaban veían en "el Camino" una secta, pero Pablo aclaró que él creía en el verdadero Dios de los judíos, explicándoles cómo Jesús era el cumplimiento de la ley y los Profetas; también afirmó creer en la resurrección de los muertos. De nuevo insinúa que la verdadera razón de la hostilidad contra él es religiosa, es decir, por su afirmación de que hay resurrección de entre los muertos.

Al oír hablar a Pablo sobre "el Camino", Félix decidió que la evidencia presentada era insuficiente para tomar una decisión. Mantuvo a Pablo detenido, con cierta libertad, permitiendo a sus amigos visitarlo. Lucas nos deja entrever que Félix estaba buscando recibir dinero de Pablo, pero que al oírle hablar sobre "el Camino" se asustó. Su temor pudo haber surgido de su unión adúltera con Drusila, cuyo primer marido estaba aún vivo y mantuvo a Pablo encarcelado durante dos años porque quería congraciarse con los judíos.

Preguntas de reflexión y repaso

1. ¿Crees que el discurso que Pablo pronunció en Mileto fue importante? ¿Por qué?
2. ¿Por qué Pablo creía que era necesario ir a Jerusalén?
3. ¿Por qué el comandante romano tuvo tantas consideraciones para con Pablo?
4. ¿Qué dijo Pablo ante el Sanedrín que causó división entre sus miembros?
5. ¿Eran verdaderas las acusaciones contra Pablo hechas ante Félix? Explica.

Oración final *(ver página 15)*

Hacer la oración final ahora o después de la *Lectio divina*.

Lectio divina *(ver página 8)*

Relaja tu cuerpo y mantén una postura de oración (espalda recta, ojos cerrados, pies en el piso). Puedes tomar todo el tiempo que quieras para hacer este ejercicio, pero se considera que para los fines de este estudio bíblico, de 10 a 20 minutos es suficiente.

Las meditaciones que se proporcionan a continuación tienen como finalidad simplemente ayudar a los participantes del grupo a utilizar esta forma de oración, pero ten en cuenta que la finalidad de la *Lectio divina* es llevar a la persona a la contemplación orante, donde la Palabra de Dios hable al corazón (para mayor información, ve la página 8).

Pablo resucita a un joven (20:1-12)

Pasa de 8 a 10 minutos en contemplación silenciosa del siguiente pasaje:

Este pasaje nos deja ver, por un lado, la urgencia y celo que tenía Pablo por predicar la Buena Nueva y, por otro, la sed tan grande que tenía la gente de aprender más acerca de Jesús. Y yo, ¿tengo sed de aprender más sobre mi fe? ¿Tengo interés de conocer más a Jesús? ¿Deseo establecer una relación personal con Él? ¿Tengo tantos deseos de profundizar en mi fe, que podría estar sentado o sentada en una ventana toda la noche como aquel muchacho para escuchar cosas sobre Dios?

✠ *¿Qué puedo aprender de este pasaje?*

Viaje y despedida (20:13-38)

Pasa de 8 a 10 minutos en contemplación silenciosa del siguiente pasaje:

Pablo nos recuerda la necesidad de ser fieles a nuestra misión, incluso cuando nos encontramos emocional o físicamente cansados. Ser fiel cuando las cosas están bien, no tiene tanto mérito; pero serlo en los momentos de dificultad es muy agradable a los ojos de Dios. Al igual que en el caso de Pablo, nuestra fortaleza y nuestra fidelidad a Cristo brotan de la oración y de nuestro deseo de que Él sea el centro de nuestras vidas.

✠ *¿Qué puedo aprender de este pasaje?*

Pablo de camino a Jerusalén y en Jerusalén (21:1-26)

Pasa de 8 a 10 minutos en contemplación silenciosa del siguiente pasaje:

Al igual que Jesús, Pablo se dirigió a Jerusalén y entró a esta sabiendo que ahí iba a sufrir mucho. Durante su juicio, Jesús fue acusado falsamente de querer destruir el Templo; igualmente, Pablo fue acusado falsamente de hablar contra la ley de Moisés. Ambos, Jesús y Pablo, permanecieron fieles a su misión hasta el final. Al igual que ellos, los cristianos muchas veces debemos soportar dificultades tratando de ser fieles a nuestra fe: burlas, rechazos, incomprensión y hasta la muerte. Los cristianos, como seguidores de Cristo, vemos en Jesús y Pablo ejemplos de cómo vivir la propia fe con valentía y amor.

✠ *¿Qué puedo aprender de este pasaje?*

Pablo es arrestado (21:27-40)

Pasa de 8 a 10 minutos en contemplación silenciosa del siguiente pasaje:

Hay un refrán que dice: "Antes de juzgar a una persona, camina tres lunas con sus mocasines". El refrán nos habla de la necesidad de ponernos en el lugar del otro para comprender mejor su comportamiento, es decir, sus necesidades, sus gustos y sus dificultades. "Tres lunas" significa caminar en sus zapatos por tres meses, periodo de tiempo que nos permitirá comprenderle mejor. En el caso de Pablo, muchos de los problemas a los que se tuvo que enfrentar provenían de malentendidos y rumores. Este pasaje nos deja dos grandes enseñanzas: primera, el no ser duros al juzgar a las personas y, segunda, a ejemplo de Pablo, tratar de comunicarnos con los demás utilizando palabras, ejemplos, etc., todo lo que sea necesario para que aquello que queramos compartir sea comprendido.

✠ *¿Qué puedo aprender de este pasaje?*

Defensa de Pablo (22:1-30)

Pasa de 8 a 10 minutos en contemplación silenciosa del siguiente pasaje:

Jesús dijo: "Miren que yo los envío como ovejas en medio de lobos. Sean, pues, prudentes como las serpientes, y sencillos como palomas" (Mt 10:16). Es precisamente ese mandato de ser sagaces el que Pablo puso en práctica cuando tuvo que hacer frente a un auditorio hostil y compartir un mensaje que sabía los iba a enfurecer. Pero Pablo astutamente les habló en hebreo, que era su lengua y les confirmó su amor por Dios. Les habló de su formación a los pies de Gamaliel y del tiempo en que persiguió a los cristianos. Inteligentemente trató de ganarse su benevolencia, pero llegó un momento en que tuvo que afirmar lo que aquella audiencia no quería escuchar, a saber, que estaba sirviendo a Jesús, que se había convertido en seguidor suyo cuando este salió a su encuentro en el camino a Damasco. Pero, siguiendo la enseñanza de Jesús de ser astuto como serpiente, echó mano de sus privilegios como ciudadano romano. Así podemos ver que, aunque Pablo está dispuesto a morir por Cristo, también quiere conservar la vida por un poco más de tiempo para bien de su ministerio. Jesús llama a los cristianos a aceptar la voluntad de Dios, al mismo tiempo que los llama a ser astutos a la hora de hacer frente al mundo.

✠ *¿Qué puedo aprender de este pasaje?*

Pablo ante el Sanedrín (23:1-11)

Pasa de 8 a 10 minutos en contemplación silenciosa del siguiente pasaje:

Así como Pablo preservó su vida diciendo que era ciudadano romano, ahora se salvó a sí mismo explicando que la hostilidad hacia él era por su fe en la resurrección de los muertos. De nuevo le vemos aplicando el consejo de Jesús de ser mansos como palomas y astutos como serpientes. Supo distraer a la asamblea de la acusación original, suscitando un conflicto doctrinal en ella. Pablo nos enseña que los seguidores de Jesús no deben buscar el dolor y la muerte de forma innecesaria, pero sí deben aceptar el sufrimiento, e incluso la muerte, en nombre de Cristo cuando esto parezca conveniente. Pablo fue un verdadero seguidor de Jesús, no solo predicando la Buena Nueva, sino también por su manera de vivir y morir por Cristo. Nadie puede acusar a Pablo de ser un falso profeta.

✠ *¿Qué puedo aprender de este pasaje?*

Pablo es llevado a Cesarea (23:12-35)

Pasa de 8 a 10 minutos en contemplación silenciosa del siguiente pasaje:

Pablo mostró su confianza en el Señor al ofrecer su vida al servicio de los demás en su Nombre. En su Carta a los filipenses escribió: "Todo cuanto han aprendido y recibido y oído y visto en mí, pónganlo por obra y el Dios de la paz estará con ustedes" (4:9). Nos puede sonar presuntuoso que se ponga así mismo como ejemplo, pero en realidad es que todo lo hacía por Jesús. Él no se veía a sí mismo como fin, sino como un mediador que llevaba a los hombres a encontrar en Jesucristo la salvación.

✠ *¿Qué puedo aprender de este pasaje?*

Pablo es enjuiciado ante Félix (24:1-27)

Pasa de 8 a 10 minutos en contemplación silenciosa del siguiente pasaje:

Félix no encontró en las acusaciones hechas contra Pablo nada con que condenarlo; sin embargo, lo dejó dos años prisionero. ¡Qué contradicción e injusticia! Hoy en día sigue habiendo injusticias. La pregunta es: ¿qué se puede hacer si son tan frecuentes en el mundo? La respuesta solo puede ser personal, es decir, la firme determinación de no cometer nosotros mismos injusticias. Y si cada uno de nosotros lo hace, este mundo será un mundo cada vez más justo.

PARTE 2: ESTUDIO INDIVIDUAL (HCH 25-28)

Día 1: Apelación ante el César (25:1-27)

Habían pasado ya dos años y Pablo seguía preso en Cesarea. Los miembros del Sanedrín pidieron a Festo, el nuevo gobernador romano, que lo enviase a Jerusalén nuevamente, buscando tenderle una emboscada en el camino. Festo les dijo que, aquellos que tuviesen algo contra Pablo, fueran a Cesarea a presentar los cargos. La historia se volvió a repetir, ya que al igual que los líderes judíos acusaron falsamente a Jesús ante Pilato, los líderes calumniaron a Pablo frente a Festo en Cesarea.

Cuando Pablo negó esas acusaciones, declarando no haber actuado en contra de la ley judía o romana, Festo, queriendo quedar bien con los líderes judíos, le preguntó a Pablo si estaría dispuesto a ser juzgado en Jerusalén. Pablo, sabiendo que no tendría un juicio justo, le dijo a Festo que él bien sabía que era inocente. Pablo dijo que aceptaría morir si hubiera cometido un delito mayor; pero, dado que había sido acusado falsamente, apeló al emperador, derecho que tenía como ciudadano romano.

El rey Agripa II, hijo de Herodes Agripa I, quien había mandado matar a Santiago Apóstol, llegó a Cesarea con su hermana Berenice en una visita social. Festo les contó acerca de Pablo y de las acusaciones presentadas contra él, explicándoles que estas eran de carácter religioso y no político. Les contó que Pablo había apelado al emperador cuando se le había propuesto ir a Jerusalén a encarar a sus acusadores.

La curiosidad hizo que el rey Agripa quisiese oír hablar a Pablo. Festo organizó un encuentro. La ocasión se convirtió en un evento con toda "pompa", teniendo como espectadores a Agripa, a su hermana y a muchas personalidades de la ciudad. Inició la sesión con Festo explicando que él no encontraba en las acciones de Pablo nada digno de muerte, además, que como Pablo había apelado a Roma, se veía obligado a enviarlo para allá. Este evento nos recuerda un episodio similar en la pasión de Jesús: cuando Pilato oyó que Herodes estaba en Jerusalén, Pilato le envió a Jesús con la esperanza de que le ayudara a deshacerse de él. Del mismo modo, Festo aparentemente estaba esperando que Agripa le ayudara en la elaboración de algunos cargos en contra de Pablo.

Lectio divina

Dedica entre 8 y 10 minutos a la contemplación silenciosa del siguiente pasaje:

Jesús predicó el Reino de Dios, haciendo hincapié en el amor a Dios y al prójimo. Cristo dio su vida por esta doctrina. Pablo también sacrificó su libertad por ese mismo mensaje. Jesús y Pablo se enfrentaron a pruebas similares, primero ante los líderes judíos y más tarde ante las autoridades romanas. Los gobernantes romanos no encontraron ningún delito ni en Jesús, ni en él. El ejemplo de ambos nos invita a vivir dándonos al máximo, es decir, sin mediocridades, sin vacilaciones ni pereza, tal como ellos vivieron.

✠ *¿Qué puedo aprender de este pasaje?*

Día 2: Discurso de Pablo ante el rey Agripa (26:1-32)

Lucas escribió dos de los libros del Nuevo Testamento, un Evangelio y el libro de los Hechos de los Apóstoles; por tanto ambos textos se encuentran íntimamente ligados. Uno es, si así se puede decir, continuación del otro. Por eso el Evangelio de Lucas señala que los discípulos de Jesús serían detenidos, expulsados de las sinagogas, hechos prisioneros y llevados ante reyes y gobernadores para ser castigados por predicar en su nombre (Lc 21:12). En esta ocasión las advertencias de Jesús se estaban cumpliendo al ser Pablo presentado ante las autoridades para defenderse.

Ante Agripa, Pablo repitió lo que había venido diciendo en discursos anteriores, adaptándolo a esta circunstancia concreta. Pablo señaló que había vivido como un buen judío, que pertenecía al grupo de los fariseos y que los judíos no deberían tener ningún conflicto en aceptar la resurrección de los muertos, pues ellos creían en un Dios inmensamente poderoso.

Una vez más Pablo narró cómo había perseguido a los cristianos antes de convertirse y que fue en una de sus correrías para perseguir cristianos que Jesús se le apareció en el camino a Damasco como una luz cegadora, preguntándole por qué lo estaba persiguiendo. Omite la intervención de Ananías, que fue quien lo bautizó, y se presenta como enviado directamente por Jesús para ser su misionero. Después narra su actividad misionera en Damasco, Jerusalén, Judea e incluso entre los gentiles. Les hizo ver cómo su mensaje llevaba a cumplimiento lo dicho por Moisés y por los profetas, ya que él creía que estos personajes habían previsto que el Mesías iba a tener que sufrir, resucitar de entre los muertos y que su mensaje se extendería a todos los pueblos, incluidos los gentiles.

Cuando Pablo terminó de defenderse, Festo dijo: "Estás loco, Pablo; las muchas letras te hacen perder la cabeza" (26:24). Pablo afirmó que no estaba loco, sino que había pronunciado palabras verdaderas y sensatas. Agripa comentó que Pablo haría de él un cristiano si seguía hablando, a lo que Pablo respondió: "Quiera Dios que por poco o por mucho, no solamente tú, sino todos los que me escuchan hoy, llegaran a ser tales como yo soy" (26:29). Más tarde, en una conversación privada, Agripa declaró no haber encontrado en Pablo nada que mereciese la muerte o la cárcel, afirmando que podía haber sido puesto en libertad, si no hubiera apelado al emperador.

Lectio divina

Dedica entre 8 y 10 minutos a la contemplación silenciosa del siguiente pasaje:

En este pasaje del Libro de los Hechos hay varias citas de Pablo que merecen ser recordadas por su trascendencia: En un tiempo "yo, pues, me había creído obligado a combatir con todos los medios el nombre de Jesús, el Nazareno" (26:9). "no fui desobediente a la visión celestial" (26:19), sino que me puse a predicar. "¡Quiera Dios que [...] no solamente tú, sino todos los que me escuchan hoy, llegaran a ser tales como yo soy!" (26:29).

✠ *¿Qué puedo aprender de este pasaje?*

Día 3: El viaje de Pablo a Roma (27:1-44)

Toda esta narración merece ser leída detenidamente. En ella Pablo se enfrentó al mar, a sus tempestades, con los consiguientes naufragios. Todo lo narra minuciosamente. Podemos decir que es una obra literaria realista, que nos cuenta la manera como la Buena Nueva de Jesús se había ido propagando desde Jerusalén hasta "los confines de la tierra".

Pablo, quien siempre había anhelado visitar Roma, a donde el mensaje de Jesús ya había llegado, lo hacía en esta ocasión como prisionero de los romanos, pasando infinidad de tribulaciones hasta concluir con el encallamiento del barco en un arrecife y el rescate de sus ocupantes.

Dedica entre 8 y 10 minutos a la contemplación silenciosa del siguiente pasaje:

Pablo tuvo que soportar muchas dificultades por Jesús, pero nunca vaciló en su entrega. Escribió a los Corintios: Les supero "más en trabajos; más en cárceles; muchísimo más en azotes; en peligros de muerte, muchas veces. Cinco veces recibí de los judíos los cuarenta azotes menos uno. Tres veces fui azotado con varas; una vez lapidado; tres veces naufragué; un día y una noche pasé en altamar. Viajes frecuentes; peligros de ríos; peligros de salteadores; peligros de los de mi raza; peligros de los gentiles; peligros en ciudad; peligros en despoblado [...] trabajos y fatigas" (2 Cor 11:24-27). Y a pesar de todo su sufrimiento, Pablo siguió fiel.

✠ *¿Qué puedo aprender de este pasaje?*

Día 4: Invierno en Malta (28:1-10)

Al haber atracado el barco, Pablo y aquellos que sobrevivieron con él, descubrieron que el nombre de la isla donde se encontraban era Malta y que los nativos eran muy amistosos, tanto así, que encendieron fuego para que los náufragos se calentaran. Al tomar leña para echarla a la fogata, una serpiente picó a Pablo en la mano, quien se la sacudió. Los nativos estaban a la espera de la muerte de Pablo, pero como esta nunca sucedió, empezaron a considerarlo como "un dios". Este episodio muestra las actitudes primitivas de la gente de Malta en aquella época.

Hospedándose en una finca del gobernador de la isla, llamado Publio, Pablo sanó al padre de Publio al imponerle las manos y orar por él. Esta curación nos recuerda a la que Jesús realizó con la suegra de Pedro. Como consecuencia de este suceso, los demás enfermos de la isla se le presentaron para ser sanados. Esto hizo que, al dejar la isla, recibieran muchos regalos.

Lectio divina

Dedica entre 8 y 10 minutos a la contemplación silenciosa del siguiente pasaje:

En el Evangelio de Mateo, leemos estas palabras de Jesús: "Quien reciba a un profeta por ser profeta, recompensa de profeta recibirá" (Mt 10:41). La estancia de Pablo en Malta se convierte en un ejemplo del cumplimiento de esas palabras. La hospitalidad con que fue recibido Pablo, fue una muestra del trato que se puede dar a un profeta. Jesús, en el Evangelio de Mateo arriba mencionado, no hablaba únicamente de la acogida a los profetas, también añadió: "Y todo aquel que dé de beber tan sólo un vaso de agua fresca a uno de estos pequeños, por ser discípulo, les aseguro que no perderá su recompensa". (Mt 10:42). La hospitalidad es una virtud que produce grandes beneficios para quienes la practican y para quienes se benefician de ella.

✠ *¿Qué puedo aprender de este pasaje?*

Día 5: Pablo en Roma (28:11-31)

Después de permanecer en Malta durante los tres meses de invierno, Pablo y sus compañeros se embarcaron en una nave que tenía las imágenes de los gemelos, hijos del dios Zeus, en la proa. Se creía que ellos protegerían al barco. Cuando Pablo finalmente llegó a Roma, los cristianos de la ciudad salieron a su encuentro para darle la bienvenida. Su presencia, según parece, dio a Pablo el calor y ánimo que necesitaba.

En Roma, donde se le permitió elegir su lugar de residencia bajo el cuidado de un guardia, se puso a trabajar de inmediato. Al tercer día, ya había reunido a los judíos principales, a quienes explicó la razón de su llegada a Roma. Les habló de cómo los judíos se habían vuelto en su contra y de cómo los romanos, no habiendo hallado culpa en él, lo habían dejado libre, aunque los judíos siguieron oponiéndose. Por todo ello, Pablo tuvo que apelar al emperador. Esta era la razón de su llegada a Roma.

Los judíos de Roma no habían recibido noticia alguna de Pablo y estaban dispuestos a escucharlo para informarse. Pablo habló durante un día completo con los judíos explicándoles "Reino de Dios, dando testimonio e intentando persuadirles acerca de Jesús, basándose en la Ley de Moisés y en los Profetas" (28:23) para convencerlos sobre la Buena Nueva. Algunos aceptaron el mensaje, pero otros no. Ante ello, Pablo citó al profeta Isaías (6:9ss), quien decía que el pueblo judío, por más que escuchara, no comprendería; y, por más que viera, no conocería porque el corazón de ese pueblo se había endurecido (cf. 28:26).

Por más esfuerzos de Pablo y de los demás apóstoles, hubo muchos judíos que no llegaron a comprender cómo en Jesús se cumplían las Escrituras. Por tanto, Pablo les informó que este mensaje de salvación, iba a ser anunciado entonces a los gentiles.

Lucas termina el libro de los Hechos de los Apóstoles con un resumen de los dos años que Pablo vivió en Roma, teniendo libertad para recibir invitados, proclamando el Reino de Dios y enseñando sobre el Señor Jesús. Aunque Lucas debió haber sabido que Pablo fue martirizado en Roma, no hace ninguna mención del hecho. El libro termina abruptamente. Se sabe por otras fuentes que Pablo fue martirizado en Roma, alrededor del año 66, durante la persecución de Nerón.

Lectio divina

Dedica entre 8 y 10 minutos a la contemplación silenciosa del siguiente pasaje:

Llega el final del libro de los Hechos de los Apóstoles, libro que nos narra los aciertos y los problemas a los que tuvo que enfrentarse la Iglesia primitiva, guiada siempre por el Espíritu Santo. Vemos a Pablo llegando a Roma, donde el mensaje de Cristo ya había sido predicado. La historia cuenta que tanto Pedro como Pablo fueron martirizados en esa ciudad, hecho que hace de Roma una ciudad sagrada para la Iglesia. Por el poder del Espíritu Santo, Pablo proclamó el Reino de Dios y enseñó acerca del Señor Jesucristo con valentía. ¡Su misión ahora se convierte en nuestra misión!

✠ *¿Qué puedo aprender de este pasaje?*

Preguntas de reflexión y repaso

1. ¿En qué se parecieron el juicio de Jesús ante Pilato y el juicio de Pablo ante el Rey Agripa?
2. Haz una lista de los eventos significativos que sucedieron durante el viaje de Pablo a Roma.
3. ¿Por qué Pablo pasó el invierno en Malta? ¿Cuál fue su experiencia allí?
4. ¿Cuál es el significado de la llegada de Pablo a Roma?
5. La historia de los Hechos sigue, el Evangelio sigue cambiando vidas también en nuestra época, ¿qué puedes hacer de manera concreta para que el Espíritu de Dios obre en ti y a través de ti?

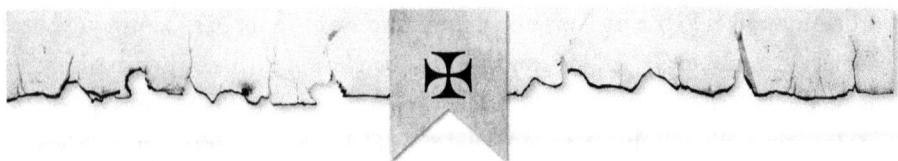

Acerca de los autores

El **P. William A. Anderson, DMin PhD,** es sacerdote de la diócesis de Wheeling-Charleston, Virginia del Oeste, director de retiros y misiones parroquiales, profesor, catequista y director espiritual. También fue párroco. Ha escrito numerosas obras sobre pastoral, temas espirituales y religiosos.

El P. Anderson obtuvo el doctorado en Ministerio por la Universidad y Seminario de Santa María de Baltimore y el doctorado en Teología Sagrada por la Universidad Duquesne de Pittsburgh.

Pía Septién obtuvo su licenciatura en Administración de Empresas por la Universidad Anáhuac en la Ciudad de México, maestría en Estudios Teológicos y Certificación en Administración Pastoral por la Universidad de Dallas. Ha dado clases desde el año 2006 hasta el presente en la Escuela para los Ministerios de la Universidad de Dallas en el programa de la Escuela Bíblica Católica, en la formación diaconal de la Diócesis de Dallas y de Tyler y en el Programa del Certificado en Teología Pastoral. Ella es la autora de los libros "Mujeres del Antiguo Testamento" y "Mujeres del Nuevo Testamento". Actualmente es Directora de Educación Continua e Instructora de la Escuela Bíblica Católica en la Universidad de Dallas.

www.ingramcontent.com/pod-product-compliance
Lightning Source LLC
LaVergne TN
LVHW052025080426
835513LV00018B/2167